Mit digitalen Extras:
Exklusiv für Buchkäufer!

Ihre digitalen Extras zum Download:

- Kontenrahmen »Wohnungswirtschaft«
- BMF-Schreiben zu »Gewinnerzielungsabsicht bei kleinen Photovoltaikanlagen und vergleichbaren Blockheizkraftwerken«
- Muster zur Hausgeldabrechnung in der WEG
- Checkliste zur buchhalterischen Neuanlage einer WEG

http://mybook.haufe.de/

Buchcode: DFI-2184

Heike Holder

Buchführung für WEG-Verwalter

1. Auflage

Haufe Group
Freiburg · München · Stuttgart

Bibliografische Information der Deutschen Nationalbibliothek

Die Deutsche Nationalbibliothek verzeichnet diese Publikation in der Deutschen Nationalbibliografie; detaillierte bibliografische Daten sind im Internet über http://dnb.dnb.de/ abrufbar.

Print:	ISBN 978-3-648-14896-9	Bestell-Nr. 10634-0001
ePub:	ISBN 978-3-648-14897-6	Bestell-Nr. 10634-0100
ePDF:	ISBN 978-3-648-14898-3	Bestell-Nr. 10634-0150

Heike Holder
Buchführung für WEG-Verwalter
1. Auflage, Juni 2022

© 2022 Haufe-Lexware GmbH & Co. KG, Freiburg
www.haufe.de
info@haufe.de

Bildnachweis (Cover): © godshutter, adobe

Produktmanagement: Jasmin Jallad

Inhaltsverzeichnis

Vorwort

Als studierte Betriebswirtin, steuerrechtlich vorgebildet und jahrelang als Leiterin des Rechnungswesens und Controlling aktiv, sah ich mich bestens gerüstet, die Geschäftsführung einer mittelgroßen Immobilienverwaltung zu übernehmen. Gerade im Bereich der Buchhaltung hatte ich mir ein umfangreiches Expertenwissen angeeignet.

Gerade für den buchhalterisch Vorgebildeten ist es ungeheuer schwer, die Rechnungslegung einer Eigentümergemeinschaft so umzusetzen, dass sie für jeden Eigentümer nachvollziehbar ist und den gesetzlichen Bestimmungen genügt (WEG-Reform, neue Heizkostenverordnung).

Inzwischen bin ich Inhaberin dieser Immobilienverwaltung und ich möchte mit diesem Buch jedem Interessierten ein Werk an die Hand geben, mit dem er sich auf schnellstem Weg in die Buchhaltung der WEG einarbeiten kann. Dieses Buch richtet sich an den Praktiker, an Mitarbeiter von WEGs, an Verwalter und Beiräte.

Wenn Sie alle Vorgaben umsetzen, werden Sie keine Probleme mehr mit den Zahlen der WEG haben.

1 Die wichtigsten Prinzipien der WEG-Buchhaltung

1.1 Gesetzliche Grundlagen

Es gibt unzählige Bücher über Buchführung und Bilanzierung. Sie sind aber allesamt für Kaufleute gedacht, die verpflichtet sind, Bücher zu führen, und zwar nach einschlägigen Gesetzesnormen. Daneben gibt es Vorschriften im Steuerrecht, die besagen, wie Personen ihren Gewinn zu ermitteln haben, die nach einer der einschlägigen gesetzlichen Regelungen nicht verpflichtet sind, Bücher zu führen.

Aber es gibt fast keine gesetzlichen Regelungen darüber, wie eine WEG ihre Bücher zu führen hat. Der Status einer WEG war lang nicht definiert – inzwischen gilt sie als rechtsfähige Personenvereinigung. § 9a WEG besagt, dass sie als juristische Person selbstständig handelt, also rechts- und prozessfähig ist und auch eigenes Vermögen (Gemeinschaftsvermögen) besitzt.

Teilweise gibt es im WEG (Wohnungseigentumsgesetz; geändert zum 01.12.2020) Regelungen, wie eine Abrechnung auszusehen hat. So sind in § 28 WEG Bestimmungen über den Wirtschaftsplan, die Jahresabrechnung und den Vermögensbericht enthalten, zum anderen hat der BGH im Rahmen der Rechtsprechung diverse Vorgaben gegeben. Diese Regelungen lassen sich aber nicht in ein Korsett von Buchführungsvorschriften zwängen.

Hier sei anzumerken, dass § 28 WEG außergewöhnlich kurz gefasst ist. Dessen Inhalt hat mit kaufmännischer Buchhaltung wenig zu tun. § 28 WEG besagt lediglich, dass die Wohnungseigentümer im Rahmen der Abrechnung über die sogenannte Abrechnungsspitze, über die Vorschüsse zur Kostentragung und die vorgesehenen Rücklagen beschließen. Zusätzlich kommt neu die Aufstellung eines Vermögensberichts hinzu.

§ 28 Wirtschaftsplan, Jahresabrechnung, Vermögensbericht

(1) Die Wohnungseigentümer beschließen über die Vorschüsse zur Kostentragung und zu den nach § 19 Absatz 2 Nummer 4 oder durch Beschluss vorgesehenen Rücklagen. Zu diesem Zweck hat der Verwalter jeweils für ein

Kalenderjahr einen Wirtschaftsplan aufzustellen, der darüber hinaus die voraussichtlichen Einnahmen und Ausgaben enthält.

(2) Nach Ablauf des Kalenderjahres beschließen die Wohnungseigentümer über die Einforderung von Nachschüssen oder die Anpassung der beschlossenen Vorschüsse. Zu diesem Zweck hat der Verwalter eine Abrechnung über den Wirtschaftsplan (Jahresabrechnung) aufzustellen, die darüber hinaus die Einnahmen und Ausgaben enthält.

(3) Die Wohnungseigentümer können beschließen, wann Forderungen fällig werden und wie sie zu erfüllen sind.

(4) Der Verwalter hat nach Ablauf eines Kalenderjahres einen Vermögensbericht zu erstellen, der den Stand der in Absatz 1 Satz 1 bezeichneten Rücklagen und eine Aufstellung des wesentlichen Gemeinschaftsvermögens enthält. Der Vermögensbericht ist jedem Wohnungseigentümer zur Verfügung zu stellen.

Die WEG-Buchführung soll darüber hinaus jedem Eigentümer nachvollziehbar darüber Auskunft geben, was die Wohnungseigentümergemeinschaft an Geldern eingenommen hat und wie diese letztlich verwendet wurden. Da nicht davon auszugehen ist, dass alle Eigentümer ein wirtschaftswissenschaftliches Studium oder einen IHK-Abschluss als Bilanzbuchhalter vorweisen können, ist es kein leichtes Unterfangen, die WEG-Buchhaltung allen Eigentümern so nahezubringen, dass sie alles verstehen.

Dieses Buch gibt im ersten Teil die Grundlagen der Buchführung wieder, die ein WEG-Buchhalter zwingend beherrschen muss. Es handelt sich hierbei nicht um ein Buchhaltungslehrbuch. Die Grundlagen sind nicht erschöpfend behandelt und dieser Teil ist bewusst knapp gehalten. Wenn Sie bereits buchhalterische Kenntnisse haben, können Sie diesen Teil komplett überspringen. Sollten Sie aber ein Neuling in der Buchhaltung der WEG-Verwaltung sein, können Sie sich hier schnell die Grundkenntnisse erarbeiten, die für das Verständnis der WEG-Buchhaltung unerlässlich sind. Auch interessierte Wohnungseigentümer können sich hier schnell einen Überblick über die wesentlichen Grundsätze verschaffen.

Im zweiten Teil wird auf die WEG-Buchhaltung eingegangen, wie sie gängige Praxis ist – nämlich als Zwitter zweier grundsätzlich gegenläufiger Rechnungslegungsgedanken.

Ergänzt wird das Buch durch einen umfangreichen Übungsteil und Hinweise für die praktische Arbeit.

Begriffsdefinitionen

Das Rechnungswesen ist ein Teilbereich der Betriebswirtschaftslehre. Es umfasst Verfahren zur systematischen Erfassung und Auswertung aller quantifizierbaren Beziehungen und Vorgänge der Unternehmung für die Planung, Steuerung und Kontrolle des betrieblichen Geschehens.

Man unterscheidet:

* **Internes Rechnungswesen**

  Darunter versteht man

  - die Kostenrechnung zum Zwecke der Kalkulation,
  - die Investitionsrechnung zur Analyse künftiger Investitionsplanungen sowie
  - die interne Erfolgsrechnung, die sich nicht an den Zahlungsflüssen orientiert.
* **Externes Rechnungswesen**

  Damit ist die Buchführung gemeint. Die Begriffe »Buchhaltung« und »Buchführung« werden im allgemeinen Sprachgebrauch synonym verwendet. Nach der reinen Lehre ist die Buchhaltung die Abteilung, die sich mit dem Führen von Büchern beschäftigt. Unter »Buchführung« wird die eigentliche Tätigkeit verstanden, nämlich die zahlenmäßige Aufzeichnung aller Geschäftsvorgänge in einem Unternehmen.

Die kaufmännische Gebäudeverwaltung hat daneben den Begriff der Objektbuchhaltung geprägt. Das externe Rechnungswesen bezieht sich immer nur auf Unternehmen, die Objektbuchhaltung auf die Buchführung des kaufmännischen Gebäudemanagements und unterteilt sich in

* Mietbuchhaltung und
* WEG-Buchhaltung.

Objektbuchhaltung		betriebliches Rechnungswesen	
Mietbuchhaltung	WEG-Buchhaltung	internes Rechnungswesen	externes Rechnungswesen

1.2   Das Verursachungsprinzip

Grundsätzlich erfolgt eine Rechnungslegung **verursachungsgerecht**, d. h. alle Aufwendungen und Erträge werden dann erfasst, wenn sie **entstanden** sind.

> **!**   **Beispiel**
>
> Der Handwerker wird an Silvester, also am 31.12., zur Notreparatur der Heizung gerufen. Die Rechnung schreibt er am 07.01. des Folgejahres und Ende Januar wird sie überwiesen.

Nach dem **Verursachungsprinzip** ist die Rechnung bereits im Vorjahr zu berücksichtigen, weil die Leistung am 31.12. des Vorjahres erbracht wurde. Dieses Prinzip wird bei der Bilanzierung angewendet – auch »Bilanzierungsprinzip« oder »Leistungsprinzip« genannt. Dieses Prinzip findet auch als sogenannter Betriebsvermögensvergleich in § 4 Abs. 1 EStG seinen Niederschlag.

Die **Heizkostenverordnung** schreibt bei den **Heiz- und Warmwasserkosten** zwingend das (bilanzielle) Verursachungsprinzip vor. Bei Pelletheizungen und Ölheizungen sind sogar Bestände zu ermitteln und somit die Grundsätze der Bilanzierung anzuwenden. Deshalb ist es unerlässlich, sich damit zu beschäftigen.

Auch der inzwischen geforderte Vermögensbericht folgt den Grundsätzen der Bilanzierung.

1.3   Das Zufluss-Abfluss-Prinzip

Daneben gibt es das sogenannte **Zufluss-Abfluss-Prinzip.** Hier werden alle Aufwendungen und Erträge zu dem Zeitpunkt berücksichtigt, zu dem sie bezahlt werden. Im obigen Beispiel ist der Aufwand dann zu buchen, wenn er Ende Januar bezahlt wird und der Betrag vom Bankkonto abfließt.

Im Einkommensteuergesetz ist die Anwendung dieses Prinzips bestimmten Unternehmern (insbesondere Freiberuflern) gestattet – es ist in § 4 Abs. 3 EStG geregelt. Dabei sind aber gewisse »Spielregeln« zu beachten, auf die hier im Buch nicht weiter eingegangen werden soll. Es gibt zum Beispiel gewisse Abweichungen vom Zufluss-Abfluss-Prinzip, wenn Beträge, die in das alte Jahr gehören, innerhalb der ersten zehn Tage des neuen Jahres bezahlt werden. Diese Regelungen sind **nicht** in der WEG-Buchhaltung anzuwenden.

In der WEG-Buchhaltung sind alle Zuflüsse als Einnahme und alle Abflüsse als Ausgabe zu zeigen. Es sind keinerlei Abgrenzungen vorzunehmen. Eine Ausnahme bildet hier ausschließlich die Heizkostenabrechnung.

> **Merke**   **!**
>
> Die WEG-Buchhaltung ist immer eine reine Zufluss-Abfluss-Rechnung. Alle Aufwendungen werden nicht verursachungsgerecht, sondern zum Zeitpunkt der Zahlung berücksichtigt. Eine Ausnahme hiervon bildet die Heizkostenabrechnung. Die Kosten für Heizung und Warmwasser werden verursachungsgerecht nach dem Verbrauch im Kalenderjahr berücksichtigt.

Eine weitere Ausnahme gilt bei den Hausgeldern, die nach der sogenannten Soll-Stellung berücksichtigt werden müssen. Darauf wird aber genauer im Kapitel 2.3 »Einnahmen der Gemeinschaft« eingegangen.

Aufgaben der Buchführung

Aufgabe der Buchführung ist es, sämtliche wirtschaftlichen Vorgänge, die sich zahlenmäßig abbilden lassen, in chronologischer Reihenfolge zu erfassen. Diese wirtschaftlich bedeutsamen Vorfälle werden in Zahlen ausgedrückt und anhand sogenannter Geschäftsvorfälle erfasst. Die Buchführung ist sozusagen die Geheimsprache der kundigen Buchhalter – die aber jeder lernen kann. Die Buchführung dient der korrekten Ermittlung des Gewinns – oder auch Verlusts – und soll ein korrektes Bild der Vermögens-, Finanz- und Ertragslage geben. Dies nennt man auch **Informationsfunktion der Buchhaltung**. Auf die WEG bezogen sollen die Eigentümer durch die korrekte Erfassung der Vorfälle über ihr Objekt informiert werden, d. h. darüber, welche Kostenarten in welcher Höhe angefallen sind.

Des Weiteren gibt es die **Ermittlungsfunktion** der Buchhaltung. Das heißt, die Buchhaltung soll den Gewinn korrekt ermitteln, damit dieser ggf. ausgeschüttet werden kann. In der WEG wird der Überschuss bzw. die Unterdeckung der Kosten über die Hausgelder – mithin die jeweiligen Guthaben und Nachzahlungen der Eigentümer – ermittelt. Eine WEG macht niemals »Gewinn« oder »Verlust«, das Ergebnis wird vielmehr von den Wohnungseigentümern am Ende des Abrechnungszeitraums eingezogen oder wieder ausgeschüttet.

Die Buchhaltung dokumentiert alle Vorfälle, die im Zeitablauf geschehen. Wenn ein Unternehmer drei Kunden eine Rechnung ausstellt, kann er sich sicher merken, wem er wie viel fakturiert hat und ob bereits bezahlt wurde. Bei zehn Kunden wird das schon eine mehr als sportliche Herausforderung und bei 100 ein Ding der Unmöglichkeit. Deshalb ist hier die **Dokumentationsfunktion** der Buchhaltung wichtig.

Bezogen auf die WEG kann man auch hier eine Brücke schlagen: In den jeweiligen Objekten wohnen viele Eigentümer. Hier muss der Verwalter z. B. dokumentieren, welche Eigentümer ihren Zahlungsverpflichtungen nachgekommen sind und welche nicht.

Auch dokumentiert die Buchhaltung beispielsweise, wenn ungewöhnlich viele Heizungsreparaturen stattfinden. Wenn ordentlich dokumentiert wurde, können daraus wesentliche Rückschlüsse für die weitere Planung gezogen werden. Wenn beobachtet werden kann, dass die Heizung extrem störanfällig ist, kann der Schornsteinfeger befragt, der Heizungsmonteur zurate gezogen und ggf. eine größere Reparatur oder der Ersatz der Heizung geplant werden. Eventuell ist ein Energieberater hinzuzuziehen – denn auch die Vorschriften des EEG (Erneuerbare-Energien-Gesetz) sind zu beachten.

Möglicherweise ziehen die Maßnahmen einen erhöhten Bedarf an liquiden Mitteln nach sich – die kurz-, mittel- oder langfristige Liquiditätsplanung kann auf dieser Grundlager ebenfalls durchgeführt werden. Dies nennt man **Planungsfunktion** der Buchhaltung.

Wenn aufgrund der Planung dann Maßnahmen ergriffen wurden, kann anhand der Buchhaltung kontrolliert werden, ob die Maßnahmen richtig waren und ob die Planung tatsächlich korrekt war. Hier kann man dann von der **Kontrollfunktion** der Buchhaltung sprechen. Im Rahmen des Beispiels oben bedeutet das, dass die Reparaturen nach erfolgtem Heizungsaustausch eben nicht mehr anfallen dürfen.

Fassen wir die wesentlichen Funktionen der Buchhaltung für die Wohnungseigentümergemeinschaft nochmals zusammen:
- Sie soll einen Überblick darüber verschaffen, welche Kosten angefallen sind.
- Sie gibt Auskunft über die Höhe der Hausgeldzahlungen insgesamt.
- Sie gibt Auskunft über die Hausgeldzahlungen der einzelnen Eigentümer.

- Sie verschafft damit den Überblick über die Liquidität der Gemeinschaft.
- Sie differenziert dabei, ob es sich um Beträge handelt, mit denen laufend gewirtschaftet werden soll, oder um Beträge, die anzusparen sind, um für spätere großen Reparaturen genug Geld zur Verfügung zu haben (Rücklagen).

1.4   Das Prinzip der doppelten Buchhaltung

Jeder hat schon einmal von der doppelten Buchhaltung (im Gegensatz zur kameralistischen Buchhaltung) gehört. Sie zeichnet sich dadurch aus, dass jeder Geschäftsvorfall doppelt – also auf zwei Konten – erfasst wird. Ein Konto davon wird dann im Soll (links) und das andere im Haben (rechts) verbucht. Sicher denkt nun der/die eine oder andere: »Das ist wie bei meinem Bankkonto. Was ich habe, steht im Haben, und was ich bringen sollte, im Soll.« So einfach ist das leider nicht – denn die Bank bucht immer aus ihrer Sichtweise: Das Guthaben, das die Bank hat, steht im Soll und die Schulden gegenüber den Einlegern stehen im Haben. So ist es wesentlich leichter, sich links und rechts zu merken. Die beiden Seiten könnten auch Äpfel oder Birnen heißen, aber links und rechts ist schlichtweg praktikabler.

Alle Konten werden als sogenannte T-Konten abgebildet. Die linke Seite heißt Soll, die rechte Haben. Bei der doppelten Buchhaltung wird jeder Geschäftsvorfall auf zwei Konten gebucht. Wenn ich z. B. der Barkasse Geld entnehme, um Briefmarken zu kaufen, steht der Betrag auf dem Konto »Kasse« rechts und auf dem Konto »Porto« links. Das Datum ist ebenfalls zwingend anzugeben. Optisch sieht das dann so aus:

Anlage 1	Barentnahme		
	Soll	Porto	Haben
	02.06.2021	10,00 €	
	Soll	Kasse	Haben
		02.06.2021	10,00 €

Gehen wir der Frage nach, warum ein Betrag links (im Soll) und der andere rechts (im Haben) steht. Dazu müssen wir zuerst wesentliche Begriffe klären: nämlich den Unterschied zwischen Einnahmen/Ausgaben sowie Aufwand/Ertrag.

17

1.4.1   Einnahmen und Ausgaben bzw. Aufwand und Ertrag

Wenn Geld auf einem Girokonto eingeht, ist das erst einmal eine Einnahme, und wenn Geld abfließt, eine Ausgabe. Es ist fraglich, ob es sich dabei auch gleichzeitig um Erträge oder Aufwendungen handelt.

Der reine Geldfluss stellt zuerst einmal nur Einnahmen und Ausgaben dar. Der Geldfluss ist dabei wertfrei zu sehen. Erst wenn er das **Ergebnis** (Gewinn oder Verlust) beeinflusst, handelt es sich um Ertrag (Einnahme) oder um Aufwand (Ausgabe).

!   **Merke**

Eine Einnahme, die sich auf den Gewinn auswirkt, heißt Ertrag, eine Ausgabe, die sich auf den Gewinn auswirkt, heißt Aufwand.

In der Buchführung ergibt sich der Gewinn aus der Differenz von Erträgen und Aufwendungen und nochmals – ganz wichtig für später, wenn die WEG-Buchhaltung en detail beschrieben wird – **nicht** aus der Differenz von Einnahmen und Ausgaben.

Wenn aber nicht alles, was vom Bankkonto abfließt oder zufließt, als Aufwand und/oder Ertrag gebucht werden kann, muss es auch noch Konten geben, die sich nicht auf den Gewinn auswirken. Das sind die sogenannten **Bilanzkonten.**

!   **Merke**

Eine Einnahme oder eine Ausgabe, die sich nicht auf den Gewinn auswirkt, ist auf einem ergebnisneutralen Bilanzkonto zu buchen.

Demnach müssen alle Zuflüsse oder Abflüsse, die sich nicht in der Gewinnermittlung bzw. in der (Hausgeld-)Abrechnung einer WEG widerspiegeln, Auswirkungen auf das sogenannte **Vermögen** haben.

Dabei gilt es, Folgendes zu beachten:
- Eine **Vermögensmehrung** steht links, d. h. im **Soll**, eine **Vermögensminderung** rechts, d. h. im **Haben**.
- Umgekehrt steht eine **Ertragserhöhung** rechts im **Haben** und eine **Ertragsminderung** links, d. h. im **Soll**.
- Ein **Eingang/Zufluss** auf dem Bankkonto (Vermögenskonto) steht links (im **Soll**).

- Das Bankkonto stellt Vermögen der Gemeinschaft dar. Konsequenterweise muss das Gegenkonto dieser **Vermögensmehrung** immer rechts (im **Haben**) stehen (z. B. Hausgeld).
- Ein **Abgang/Abfluss** auf dem Bankkonto steht rechts (im **Haben**).
- Ein Abfluss von Geldmitteln ist also **Vermögensminderung** der Gemeinschaft.
- Konsequenterweise muss das Gegenkonto immer links (im **Soll**) stehen (z. B. Kosten für den Hausmeister).

Merke   **!**

Darlehen und Verbindlichkeiten stellen (negatives) Vermögen bzw. eine Vermögensminderung der WEG dar. Sie nehmen im Haben zu und im Soll ab.

1.4.2   T-Konten

Um das Ganze optisch anschaulicher zu machen, bedient sich der Buchhalter, wie schon bereits bei der Barentnahme gezeigt, der T-Konten.

Soll	Haben
Aufwand	Ertrag

Soll	Haben
Vermögen	Kapital

1.5   Grundsätze ordnungsgemäßer Buchführung (GoB)

Es gibt die sogenannten Grundsätze ordnungsgemäßer Buchführung, kurz GoB genannt. Diese finden sich nicht nur in Gesetzen (z. B. im HGB), sondern haben sich vor allem im Laufe der Jahre aus der Praxis heraus aus Gesetz und Rechtsprechung entwickelt. Sie besagen, dass das Unternehmen ein korrektes Bild der Vermögens- und Ertragslage widerspiegeln soll. Diese sind überall anzuwenden, wo »gebucht« wird, also auch in der WEG-Buchhaltung.

Zu den Grundsätzen der ordnungsgemäßen Buchführung (GoB) gehören konkret:

- **Grundsatz der Richtigkeit und Willkürfreiheit**
  Alles, was sich in der Buchführung widerspiegelt, muss sich eindeutig herleiten lassen.

- **Grundsatz der Klarheit und Übersichtlichkeit**
  Die Buchführung muss so klar und übersichtlich sein, dass sich ein sachverständiger Dritter (in der WEG sogar ein Laie) innerhalb einer angemessenen Zeit ein Bild über die Vermögenslage und die Ertragslage machen kann. In der WEG kann sich dabei kein Gewinn oder Verlust, sondern allenfalls eine Nachzahlungsverpflichtung oder ein Guthaben für die Eigentümer ergeben.

- **Grundsatz der Vollständigkeit**
  Die Buchführung muss vollständig und lückenlos sein; alle Bankbewegungen müssen erfasst sein.

- **Grundsatz der Sicherheit**
  Die Unterlagen müssen ordnungsgemäß archiviert werden. Hierbei ist die Aufbewahrungsfrist von zehn Jahren zu beachten.

- **Grundsatz der Ordnungsmäßigkeit**
  Alle Unterlagen müssen zeitnah und chronologisch verbucht werden. Sicher ist es zulässig, bei Übernahme einer neuen WEG das letzte Jahr »nachzubuchen«, um eine Hausgeldabrechnung erstellen zu können; grundsätzlich sollten die Buchungen aber zeitnah erfolgen, um z. B. eventuelle Rückstände von Hausgeldzahlungen rechtzeitig zu bemerken oder aber Skontofristen (die es vereinzelt immer noch geben soll) bei der Bezahlung von Rechnungen nicht zu versäumen.

- **Belegprinzip**
  Keine Buchung ohne Beleg.

1.6   Kontenrahmen

Auch wenn T-Konten das System der Buchhaltung wunderbar anschaulich machen können – praktisch ist es wenig sinnvoll, sie aufzumalen und dort Zahlen einzutragen. Buchhaltung wird per EDV erledigt und auch hier ist eine bestimmte Ordnung erforderlich. Die Konten bekommen statt Texten Nummern. Diese Nummern müssen alle geordnet werden und einer Systematik folgen, damit der Buchhalter weiß, hinter welcher Nummer sich z. B. ein Vermögenskonto und hinter welcher sich ein ertragswirksames Konto verbirgt. Dazu wurden die sogenannte Kontenrahmen geschaffen.

Ein Kontenrahmen ist ein **Verzeichnis aller Konten**.

Der in Deutschland wohl bekannteste Kontenrahmen ist der DATEV SKR04. Mit diesem Kontenrahmen arbeiten die meisten Steuerberater in Deutschland. Dieser ist nach dem gleichen Prinzip wie eine Bilanz und die sogenannte Gewinn- und Verlustrechnung geordnet. Die Bilanz fängt bei der Aktivseite an mit dem Anlagevermögen, dann kommt das Umlaufvermögen mit den Finanzkonten (Kasse, Bank) und die sogenannten Rechnungsabgrenzungsposten.

Darauf folgen auf der Passivseite das Eigenkapital, das Fremdkapital, die Rechnungsabgrenzungsposten, bis dann bei der Gewinn- und Verlustrechnung Erlöse, Wareneinkauf, Kosten sowie neutrale Aufwendungen und Erträge kommen.

DATEV SKR 04 sieht vor:
- Kl 0 Anlagevermögen
- Kl 1 Umlaufvermögen/Rechnungsabgrenzungsposten
- Kl 2 Eigenkapital
- Kl 3 Fremdkapital
- Kl 4 Umsatzerlöse
- Kl 5 Wareneinkauf
- Kl 6 Kosten
- Kl 7 Neutrale Aufwendungen und Erträge
- Kl 8 und 9 Vortragskonten und statistische Konten

Der DATEV-Kontenrahmen ist sehr allgemein gehalten, soll er doch mehr oder weniger universal einsetzbar sein – ganz egal, ob es sich um ein Handelsunternehmen, ein Produktionsunternehmen oder einen Dienstleistungsbetrieb handelt. Theoretisch ließen sich darüber auch WEG-Buchhaltungen abbilden und jeder, der mit Buchhaltung zu tun hat, wird in irgendeiner Weise damit in Berührung kommen.

Für die WEG-Buchhaltung ist der DATEV-Kontenrahmen nicht optimal. Dennoch arbeiten viele Verwalter direkt oder indirekt damit. Viele Buchhaltungsprogramme (z. B. lexware) sind an den DATEV-Kontenrahmen angelehnt. Auch spezifische Verwaltersoftwarelösungen bieten häufig Kontenrahmen an, die sich am SKR 04 orientieren.

Wie wir später sehen werden, hat die WEG-Buchhaltung eine eigene Systematik. Hier bedarf es eines Kontenrahmens, der wesentlich individueller aufgebaut ist.

Grundlage ist in der Regel der Kontenrahmen der Wohnungswirtschaft, auf den in künftigen Kapiteln eingegangen werden wird.

DIGITALE
EXTRAS In den Digitalen Extras finden Sie einen Kontenrahmen aus der Wohnungswirtschaft.

Ein Kontenrahmen ist immer sehr allgemein gehalten. Deshalb leiten die meisten Unternehmen einen individuellen **Kontenplan** daraus ab, der nur die Konten beinhaltet, die tatsächlich benötigt werden.

1.7   Das Wirtschaftsjahr

Jeder Gewinn bzw. jedes Ergebnis wird für ein Wirtschaftsjahr ermittelt. Das Wirtschaftsjahr umfasst in der Regel zwölf Monate. Oftmals startet aber ein Unternehmen unterjährig. In diesem Fall gibt es ein Wahlrecht: Entweder das Wirtschaftsjahr endet am 31.12. des Jahres, in dem es begonnen wurde. Dann spricht man von einem sogenannten **Rumpfwirtschaftsjahr**. Die zweite Möglichkeit besteht darin, das Wirtschaftsjahr einfach vom Startpunkt ein Jahr laufen zu lassen – dies ist dann ein sogenanntes **abweichendes Wirtschaftsjahr**.

Das WEG-Recht verbietet abweichende Wirtschaftsjahre; auch darf kein Abrechnungszeitraum mehr als zwölf Monate umfassen.

In der Praxis ist häufig zu beobachten, dass aus praktischen Gründen versucht wird, von diesen Regelungen abzuweichen. Wenn der Verwalter nämlich den Abrechnungszeitraum frei wählen könnte, würde sich der Druck in der ersten Jahreshälfte, in der für alle verwalteten Objekte »auf einmal« die Abrechnung zu erstellen ist, deutlich entspannen. Das ist aber nach § 28 Abs. 1 WEG unzulässig.

§ 28 Abs. 1 besagt nämlich, dass die Wohnungseigentümer über die Vorschüsse zur Kostentragung und zu den Rücklagen beschließen und der Verwalter hierzu einen Wirtschaftsplan **jeweils für ein Kalenderjahr** aufzustellen hat, der die voraussichtlichen Einnahmen und Ausgaben enthält.

Auch in der kaufmännischen Praxis entspricht das Wirtschaftsjahr in den meisten Fällen dem Kalenderjahr. In dieser Periode wird der Gewinn ermittelt.

Beispiel   **!**

Sie übernehmen eine WEG vom Bauträger am 01.12.01.

Hier könnte man auf den Gedanken kommen, das Abrechnungsjahr bis zum 31.12.02 laufen zu lassen – es ist ja »nur ein Monat«. Das ist unzulässig. Sie müssen eine Hausgeldabrechnung vom 01.12.01 bis 31.12.01 und vom 01.01.02 bis zum 31.12.02 erstellen.

1.8   Buchungssätze

Grundsätzlich gibt es vier Kontenarten:
*   Vermögenskonten, wie das Bankkonto, dessen Zunahme im Soll gebucht wird,
*   Darlehenskonten und Schulden (quasi Vermögensabnahme), die im Haben gebucht werden, sowie
*   Aufwandskonten (Soll) und
*   Ertragskonten (Haben).

Daneben gibt es noch Kapitalkonten, die in der WEG-Buchhaltung keine Rolle spielen. Außerdem gibt es Durchlaufende-Posten-Konten, die, wie der Name schon sagt, Auffangkonten für Ein- und Ausgänge sind, die sich nicht auf den Ertrag auswirken und die immer auf null stehen müssen.

Wenn gebucht wird, werden immer zwei Konten angesprochen – eines links (Soll) und das andere rechts (Haben), dem Prinzip der doppelten Buchführung entsprechend.

Die Vermögenskonten und Darlehenskonten finden sich in der Bilanz, die Aufwands- und Ertragskonten in der Gewinn- und Verlustrechnung.

Am Anfang jedes buchhalterischen Geschehens wird immer dargestellt, welche Vermögensgegenstände und welche Schulden vorhanden sind. Dies geschieht in einem sogenannten Inventar. Ein Inventar ist nichts weiter als eine Auflistung aller Vermögensgegenstände und Schulden. So gehört z. B. das Guthaben auf der Bank zum Vermögen einer WEG (bei einem negativen Banksaldo hat die WEG Schulden). Dieses Inventar wird dann in eine sogenannte Bilanz übertragen.

Eine Bilanz ist wie folgt aufgebaut:

Aktivseite (Vermögen) (aktive Bestandskonten)	Passivseite (Kapital) (passive Bestandskonten)
Anlagevermögen	Eigenkapital
Umlaufvermögen	Fremdkapital
Aktive Rechnungsabgrenzungsposten (ARAP)	Passive Rechnungsabgrenzungsposten (PRAP)

Auf der Aktivseite steht die Mittelverwendung und auf der Passivseite die Mittelherkunft.

Bei einer WEG gibt es analoge Konten. Allerdings wird hier nicht in Anlagevermögen (der Aufsitzrasenmäher) und Umlaufvermögen (Bankkonto) unterschieden. Die Vermögensgegenstände finden sich auch nicht in einer Bilanz, sondern im **Vermögensbericht** (siehe Kapitel 2.8.2).

Das Vermögen der WEG wird nie bewertet, das heißt, es wird ihm kein Wert in Euro beigemessen. So steht im Vermögensbericht einer WEG »Aufsitzrasenmäher« und nicht etwa »Aufsitzrasenmäher 800 Euro«.

Alle Vermögensgegenstände spiegeln sich auf den Buchungskonten wider, wobei alles, was links auf der Aktivseite der Bilanz steht, auch in den Buchungskonten links (im Soll), und alles, was rechts auf der Passivseite der Bilanz steht, auch in den Buchungskonten rechts (im Haben) steht.

Bei den Erfolgskonten, d. h. bei den Konten, die sich auf den Ertrag auswirken (in der sog. Gewinn- und Verlustrechnung), gibt es:

Aufwendungen	Erträge
Wareneinkauf	Umsatzerlöse
Personalkosten	sonstige betriebliche Erträge
Mieten	außerordentliche Erträge
Abschreibungen	
Zinsen	

Bei einer WEG sind die **Erträge**

- die Hausgelder (die sich in einen Teil für die laufende Bewirtschaftung und einen Teil für die Rücklagenbildung aufsplitten),
- eventuelle Mieterträge,
- Erträge aus Einspeisevergütungen oder
- Zinserträge.

Die **Aufwendungen** umfassen alle Bewirtschaftungskosten.

Das Konto »Abschreibungen« wird in einer WEG nicht anfallen. Anschaffungen, auch wenn sie für lange Jahre getätigt werden und viel kosten, werden sofort als Abfluss (= Aufwand) verbucht.

Der Buchungssatz lautet immer: **Soll an Haben.**

Auch hier gilt: Alles, was in einer Gewinn- und Verlustrechnung rechts (Ertrag) steht, findet sich auf den Buchungskonten rechts (im Haben) und alles, was in der Gewinn- und Verlustrechnung links (im Aufwand steht), findet sich auf den Buchungskonten links (im Soll).

In der EDV wird das dann in sogenannten Buchungszeilen eingetragen und erfasst: Das hat dann zum Beispiel folgendes Aussehen:

Das laufende Bewirtschaftungsgirokonto hat die Nummer   27000

Das Kostenkonto Hausmeister
hat die Nummer   80700

Nun werden am 01.03. 500 Euro an den Hausmeister überwiesen.

Der Buchungssatz lautet:
Hausmeister Soll
an Bank Haben 800 Euro

Die Buchungszeilen in der EDV haben beispielsweise folgendes Aussehen:

TEXT	Konto	S/H	Betrag	Gegenkonto	Datum
Hausmeister März	80700	S	500,00 €	27000	01.03.2020

1.9   Die Rechnungsabgrenzungsposten

Aktive (ARAP) und passive (PRAP) Rechnungsabgrenzungsposten
Durch die Bildung sogenannter Rechnungsabgrenzungsposten werden Beträge verursachungsgerecht der richtigen Periode zugerechnet.

Die Rechnungsabgrenzungsposten gibt es grundsätzlich bei jedem bilanzierenden Unternehmer. Sie sind eine Art »Parkkonto«, um Ausgaben erfolgsneutral darzustellen. Die Kenntnis der Rechnungsabgrenzungsposten ist für die WEG-Buchführung deshalb wichtig, weil die Bilanzierungsgrundsätze im Bereich der Heizkostenabrechnung beachtet werden müssen. Wird nämlich eine Ausgabe getätigt, die nicht in die Abrechnungsperiode gehört, die also keinen Aufwand darstellt, ist sie neutral zu verbuchen. Diese Rechnungsabgrenzungsposten werden zuerst für ein Unternehmen erläutert.

!

> **Beispiel**
>
> Ein Unternehmer zahlt seine Miete für den Januar in Höhe von 1.000 Euro schon am 30. Dezember.
> Der Buchungssatz lautet:
> - aktive Rechnungsabgrenzung 1.000 Euro Soll
> - an Bank 1.000 Euro Haben
> Der Gewinn bleibt hiermit unverändert, da kein Aufwandskonto angesprochen ist.

Achtung: Würde der Unternehmer seinen Gewinn als Überschuss der Einnahmen über die Ausgaben ermitteln, lautete der Buchungssatz:
- Mietaufwand 1.000 Euro Soll
- an Bank 1.000 Euro Haben

Damit würde sein Gewinn sofort um 1.000 Euro sinken.

Im Januar »holt« der Unternehmer den Aufwand aus dem Parkkonto »Aktive Rechnungsabgrenzung«. Der Buchungssatz lautet im Januar:
- Mietaufwand 1.000 Euro Soll
- an Aktive Rechnungsabgrenzung 1.000 Euro Haben

Jetzt ist also das Aufwandskonto angesprochen und jetzt ändert sich – verursachungsgerecht – das Ergebnis. Das Konto »Aktive Rechnungsabgrenzung« steht auf null, d. h. es ist ausgeglichen.

Anlage RAP

als Aufwand:

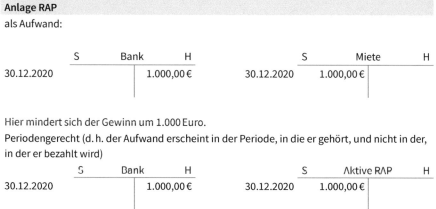

Hier mindert sich der Gewinn um 1.000 Euro.

Periodengerecht (d. h. der Aufwand erscheint in der Periode, in die er gehört, und nicht in der, in der er bezahlt wird)

Diese Rechnungsabgrenzungsposten gibt es auch auf der Passivseite der Bilanz – umgekehrt werden hier Einnahmen, die nicht in die Periode gehören, über dieses »Parkkonto« in die nächste »geschoben«. Die Einnahme, die nicht als Ertrag (im Haben) gebucht werden darf, wird auf die Habenseite des Bilanzkontos »Passive Rechnungsabgrenzungsposten« geschoben, um sie von dort in der nächsten Periode erfolgswirksam auf das Konto »Ertrag« umzubuchen.

Das Verständnis der Rechnungsabgrenzungsposten ist für die WEG-Buchhaltungspraxis immens wichtig – im Kapitel 2.4.2.2 werden wir den Rechnungsabgrenzungsposten bei der Heizkostenabrechnung wieder begegnen, bei der eine verursachungsgerechte Abgrenzung erforderlich ist.

1.10   Kapital und Rücklagen

1.10.1   Das Eigenkapital

Eigenkapital gibt es nur bei natürlichen Personen und bei Personengesellschaften (GbR, OHG, KG), nicht aber in der Wohnungseigentümergemeinschaft. Sinn und Zweck der Buchhaltung in der WEG ist es ja, die Abrechnungsspitze zu ermitteln, die nichts weiter ist als die Summe aller Guthaben und Nachzahlungen aller Eigentümer, die sich aus der laufenden Periode ergibt. Man könnte nun auf die Idee kommen, die **Erhaltungsrücklage**, die die Eigentümergemeinschaft anspart, sei das Eigenkapital. Dazu müssen wir uns erst mit der Definition der Rücklagen befassen.

1.10.2   Rücklagen

In der Buchhaltung wird der Begriff »Rücklagen« anders verwendet als in der Umgangssprache. Deshalb lohnt sich ein genauerer Blick darauf, was er bedeutet.

Hat ein Unternehmer Gewinn erwirtschaftet, hat er verschiedene Möglichkeiten:
1. Er schüttet ihn aus – dann entnimmt er den Gewinn dem Unternehmensvermögen.
2. Er macht erst mal nichts – und trägt ihn auf neue Rechnung vor. Dann verlagert er die endgültige Entscheidung darüber, was mit dem Gewinn geschieht, auf einen späteren Zeitpunkt.
3. Er lässt ihn dauerhaft im Vermögen, indem er das Kapital erhöht.
4. Er bildet Rücklagen.

Diese Rücklagen werden auf gesonderten Konten bilanziert. Rücklagen sind im buchhalterischen Sinne also Teile des Eigenkapitals. Sie entstehen dadurch, dass zusätzliches Eigenkapital in ein Unternehmen eingebracht wird oder dass Gewinne nicht entnommen werden. Diese Beträge werden offen ausgewiesen.

!   **Achtung**

Rücklagen sind niemals mit Rückstellungen zu verwechseln. Rückstellungen sind Verbindlichkeiten, die nach Art und Fälligkeit nicht genau bekannt sind.

Auch in der WEG gibt es Rücklagen, diese heißen »Erhaltungsrücklage«. Es handelt sich hierbei um Teile der Hausgelder, die angespart werden sollen, um spätere große

Investitionen und Reparaturen tätigen zu können. Sie stellen sozusagen die eiserne Reserve der Eigentümergemeinschaft dar. Die Erhaltungsrücklage der WEG dient nämlich dazu, spätere Ausgaben zu ermöglichen, die nach Art (Heizung? Fassade? Dach?), Höhe (es ist nicht sicher, was die große Reparatur kosten wird) und Fälligkeit nicht genau bekannt sind.

Hier gibt es aber einiges zu beachten. So entspricht die buchhalterische Rücklage (die Teile des Hausgelds, die für die Rücklagenbildung entfallen) nicht zwingend den tatsächlichen Geldern auf dem Rücklagenkonto, auch wird vielfach das Bankkonto, auf dem die Rücklagengelder separiert werden, mit der buchhalterischen/tatsächlichen Rücklage verwechselt. Im Kapitel 2.3.1 wird hierauf nochmals explizit eingegangen.

Die Höhe der zu kalkulierenden Rücklagen wird normalerweise nach der **Peters'schen Formel** ermittelt. Grundlage der Kalkulation ist hier die Annahme, dass innerhalb der ersten 80 Jahre das 1,5-Fache der Herstellungskosten des Gebäudes für Reparaturen anfällt.

$$\frac{\text{HK €/qm} \times 1,5}{80} = \text{Rücklage pro qm}$$

Peters'sche Formel

Nach Peters entfallen 70 % der Reparaturen auf das Gemeinschaftseigentum. Für die restlichen 30 % haben die Sondereigentümer selbst aufzukommen. Das Ergebnis der Formel müsste demnach für das Gemeinschaftseigentum mit 0,7 multipliziert werden.

Ob diese Formel angesichts der momentan nahezu explodierenden Baupreise Bestand haben wird, sei hier nicht näher untersucht. Auch auf regionale Unterschiede geht die Peters'sche Formel nicht ein.

Eine grobe Schätzung kann auch eine jährliche Zuweisung von 0,8 bis 1 % der Herstellungskosten als jährliche Zuweisung der Baukosten sein.

> **Merke**   !
>
> Die WEG hat **kein** Eigenkapital. Die Rücklage einer WEG ist vielmehr die eiserne Reserve, die dazu dienen soll, künftige größere Reparaturen tragen zu können.

1.10.3   Das Fremdkapital

Es obliegt allein der Entscheidung eines Unternehmers oder der Eigentümergemeinschaft, wie das Vermögen aufgebaut bzw. wie die Ausgaben finanziert werden – ob
aus eigenen Mitteln oder mit Fremdkapital. Beides hat Vor- und Nachteile. Fremdkapital kommt, wie der Name schon sagt, von fremden Geldgebern. Eigenkapital hat
das Unternehmen oder die WEG selbst erwirtschaftet. Ein Synonym für Fremdkapital
sind Schulden.

Im buchhalterischen Verständnis bilden Eigen- und Fremdkapital zusammen übrigens das Gesamtkapital .

! **Beispiel**

Ein Obsthändler will nicht nur auf dem Markt verkaufen, sondern einen Laden anmieten.
Dieser muss mit Regalen, Tischen und weiteren Einrichtungsgegenständen versehen
werden. Er geht zu seiner örtlichen Hausbank und erhält, da sein Businesskonzept einfach
überzeugend ist und sein Marketingkonzept »Essen Sie täglich eine Banane« zur eklatanten
Steigerung des Bananenkonsums der gesamten bundesdeutschen Bevölkerung geführt
hat, einen Kredit über 5.000 Euro.

Gebucht wird:
- Bank 5.000 Euro Soll
- an Darlehen 5.000 Euro Haben

Und bei der Bezahlung des Einrichtungsgegenstände:
- Anlagevermögen 5.000 Euro Soll
- an Bank 5.000 Euro Haben

Das Darlehen ist Fremdkapital.

In der Buchhaltung (verkürzt) sowie in der Bilanz sieht das wie folgt aus:

S	(Marktstand) BGA*	H		S	Darlehen	H
5.000,00 €					5.000,00 €	

*BGA = Betriebs- und Geschäftsausstattung

Aktiva		Bilanz	Passiva
Anlagevermögen	5.000,00 €	Darlehen	5.000,00 €
	5.000,00 €		**5.000,00 €**

Die späteren Tilgungsleistungen (die vom Girokonto abgehen) werden gegen das Darlehenskonto gebucht, der Zinsanteil gegen das Aufwandskonto.

Beträgt die Rate beispielsweise 200 Euro und sind darin 35 Euro Zinsen enthalten, lautet der Buchungssatz:

- Darlehen 165 Euro Soll und
- Zinsaufwand 35 Euro Soll
- an Bank 200 Euro Haben

S	Zinsaufwand	H
35,00 €		

S	Darlehen	H
165,00 €	5.000,00 €	
	4.835,00 €	

S	Bank	H
	200,00 €	

1.10.4   Darlehen in der WEG

Auch eine Wohnungseigentümergemeinschaft kann infolge ihrer mit der aktuellen WEG-Reform neu erworbenen Stellung als juristische Person ohne Weiteres Darlehen aufnehmen. Dies war lange Zeit nicht möglich und hatte auch wegen der Haftung des Einzelnen keine praktische Bedeutung. Inzwischen spezialisieren sich einige Banken auf die vereinfachte Vergabe von Darlehen an Wohnungseigentümergemeinschaften.

Den Wohnungseigentümern kommt grundsätzlich im Rahmen des § 21 WEG Beschlusskompetenz über die Aufnahme von Krediten zu. Im Vorfeld sollten aber gute Gründe für die Kreditaufnahme sprechen. Hier muss zunächst die finanzierte Maßnahme selbst den Grundsätzen ordnungsgemäßer Verwaltung entsprechen. Nur wenn die Rücklage nicht ausreicht, kommt eine Finanzierung in Betracht.

Hier wird dann das Darlehen gemäß dem Zufluss-Abfluss-Prinzip bei der Aufnahme als Zufluss dargestellt; gleichzeitig vermindern die Reparaturen, für die das Darlehen verwendet wird, das Ergebnis in der Hausgeldzahlung. Das Darlehen selbst ist im Vermögensbericht auszuweisen.

1.11   Die Verbindlichkeiten

Auch **Verbindlichkeiten** sind Fremdkapital, also Schulden, aber Achtung: Sie haben nichts mit Überschuldung zu tun. Sie stellen nur die vereinbarte Gegenleistung dar, wenn der Gläubiger seine Leistung schon erbracht hat. Hier ist von vornherein festgelegt, in welchem Zeitraum und in welcher Höhe die Gegenleistung erfolgen muss. Wir unterscheiden nach Fälligkeit kurzfristige, mittelfristige und langfristige Verbindlichkeiten.

Keine WEG bezahlt ihre Rechnungen bar. Sie erhält für die empfangenen Leistungen Rechnungen – der Zeitpunkt der Leistung des Lieferanten und der Gegenleistung, nämlich der Bezahlung, ist unterschiedlich. Damit hat die WEG gegenüber dem Lieferanten eine Verbindlichkeit, genauer gesagt: eine **Verbindlichkeit aus Lieferung und Leistung.**

Normalerweise ist die Rechnung binnen 30 Tagen fällig. Da der Zeitrahmen für die Zahlung ein recht kurzer ist, handelt es sich um eine sogenannte **kurzfristige Verbindlichkeit**. Wird nicht innerhalb dieser Frist bezahlt, befindet sich der Schuldner in Zahlungsverzug. Dieser Zahlungsverzug tritt nach BGB automatisch ein.

Darlehen indes, die über Jahre hinweg zurückzuzahlen sind, gehören meist zu den **langfristigen** Verbindlichkeiten. Alle Verbindlichkeiten, die über ein bis fünf Jahre zurückzuzahlen sind, heißen **mittelfristig**, solche über fünf Jahre **langfristig**.

Daneben gibt es sogenannte **sonstige Verbindlichkeiten**. Hier finden sich vor allem die Steuerschulden oder die Schulden gegenüber den Sozialversicherungsträgern. Auch diese stellen kurzfristiges Fremdkapital dar.

1.12   Die Rechnung

Eine Rechnung ist ein Dokument, mittels dessen über eine Lieferung oder eine sonstige Leistung abgerechnet wird. Die erforderlichen Angaben in einer Rechnung (Pflichtangaben einer Rechnung) sind im §14 Abs. 4 des Umsatzsteuergesetzes (UStG) geregelt.

Umsatzsteuergesetz (UStG)
§14 Ausstellung von Rechnungen
(1) Rechnung ist jedes Dokument, mit dem über eine Lieferung oder sonstige Leistung abgerechnet wird, gleichgültig, wie dieses Dokument im Geschäftsverkehr bezeichnet wird. Die Echtheit der Herkunft der Rechnung, die Unversehrtheit ihres Inhalts und ihre Lesbarkeit müssen gewährleistet werden. Echtheit der Herkunft bedeutet die Sicherheit der Identität des Rechnungsausstellers. Unversehrtheit des Inhalts bedeutet, dass die nach diesem Gesetz erforderlichen Angaben nicht geändert wurden. Jeder Unternehmer legt fest, in welcher Weise die Echtheit der Herkunft, die Unversehrtheit des Inhalts und die Lesbarkeit der Rechnung gewährleistet werden. Dies kann durch jegliche innerbetriebliche Kontrollverfahren erreicht werden, die einen verlässlichen Prüfpfad zwischen Rechnung und Leistung schaffen können. Rechnungen sind auf Papier oder vorbehaltlich der Zustimmung des Empfängers elektronisch zu übermitteln. Eine elektronische Rechnung ist eine Rechnung, die in einem elektronischen Format ausgestellt und empfangen wird. […]

(4) Eine Rechnung muss folgende Angaben enthalten:
1. den vollständigen Namen und die vollständige Anschrift des leistenden Unternehmers und des Leistungsempfängers,
2. die dem leistenden Unternehmer vom Finanzamt erteilte Steuernummer oder die ihm vom Bundeszentralamt für Steuern erteilte Umsatzsteuer-Identifikationsnummer,
3. das Ausstellungsdatum,
4. eine fortlaufende Nummer mit einer oder mehreren Zahlenreihen, die zur Identifizierung der Rechnung vom Rechnungsaussteller einmalig vergeben wird (Rechnungsnummer),
5. die Menge und die Art (handelsübliche Bezeichnung) der gelieferten Gegenstände oder den Umfang und die Art der sonstigen Leistung,

6. den Zeitpunkt der Lieferung oder sonstigen Leistung; in den Fällen des Absatzes 5 Satz 1 den Zeitpunkt der Vereinnahmung des Entgelts oder eines Teils des Entgelts, sofern der Zeitpunkt der Vereinnahmung feststeht und nicht mit dem Ausstellungsdatum der Rechnung übereinstimmt,

7. das nach Steuersätzen und einzelnen Steuerbefreiungen aufgeschlüsselte Entgelt für die Lieferung oder sonstige Leistung (§ 10) sowie jede im Voraus vereinbarte Minderung des Entgelts, sofern sie nicht bereits im Entgelt berücksichtigt ist,

8. den anzuwendenden Steuersatz sowie den auf das Entgelt entfallenden Steuerbetrag oder im Fall einer Steuerbefreiung einen Hinweis darauf, dass für die Lieferung oder sonstige Leistung eine Steuerbefreiung gilt,

9. in den Fällen des § 14b Abs. 1 Satz 5 einen Hinweis auf die Aufbewahrungspflicht des Leistungsempfängers und

10. in den Fällen der Ausstellung der Rechnung durch den Leistungsempfänger oder durch einen von ihm beauftragten Dritten gemäß Absatz 2 Satz 2 die Angabe

Die Definition der Rechnung aus dem Umsatzsteuergesetz kann so für die WEG-Buchführung übernommen werden. Die Pflichtangaben gelten für umsatzsteuerpflichtige Unternehmer. Werden sie verletzt, kann der Vorsteuerabzug versagt werden.

Da die WEG aber in der Regel keine umsatzsteuerpflichtige Unternehmerin ist, hat diese Vorschrift nur für diejenigen WEGs praktische Bedeutung, die eine Fotovoltaikanlage oder ein Blockheizkraftwerk betreiben oder aus weiteren Gründen eine Steuernummer beantragt haben.

1.13   Der Geldtransit

Die folgenden Ausführungen haben ausschließlich praktische Bedeutung, sie haben mit der reinen Buchführung nur bedingt zu tun – allenfalls könnte man wegen der erhöhten Transparenz durch diese Verbuchung einen Bezug zu den GoB konstruieren. Die Kenntnis hierüber ist für den WEG-Buchhalter wegen des Bezugs zu den Einnahmen der Gemeinschaft (z. B. Waschmünzen) sowie zur Erhaltungsrücklage (separates Bankkonto) unerlässlich.

Wir buchen grundsätzlich immer in sogenannten **Buchungskreisen**. Ein Buchungskreis ist nichts weiter als eine organisatorische Einheit. So werden z. B.

* zuerst alle Ausgangsrechnungen (Buchungskreis Debitoren),
* dann alle Eingangsrechnungen (Buchungskreis Kreditoren),
* dann die Bank (Buchungskreis Bank) und
* zum Schluss die Kasse (Buchungskreis Kasse)

gebucht. Oftmals werden Gelder zwischen den Geldkonten (Kasse und verschiedene Banken) transferiert. Hierzu ein Beispiel:

Beispiel   !

Der Arbeitstag hat nur acht Stunden und der junge WEG-Buchhalter Bodo Bleibtreu hat bis auf die Buchung des Bankkontos, auf dem die Rücklagen separiert werden, sein Tagwerk geschafft. Seine letzte Buchung war eine Überweisung von 1.000 Euro vom Girokonto (Bewirtschaftungskonto) auf das Sparkonto (für die Rücklagen). Da er aber einen dringenden Zahnarzttermin hat, klappt er pünktlich die Bücher zu.

Sein letzter Buchungssatz lautete:

* Sparkonto 1.000 Euro Soll
* an Bank Haben 1.000 Euro

Der Zahnarzt findet einen quer liegenden Zahn, der Buchhalter bekommt unerwartet eine kleine Not-OP und hütet daraufhin drei Tage das Bett. Nun kehrt er an Tag 4 zu seinen Büchern – konkret zum Buchungskreis »Sparbuch« – zurück, findet einen Eingang von 1.000 Euro und kann sich nicht mehr daran erinnern, was er vor drei Tagen und ebenso vielen schmerzdurchwachten Nächten gebucht hat. Er bucht daraufhin:

* Sparbuch 1.000 Euro Soll
* an Bank 1.000 Euro Haben

Damit ist die Buchung doppelt erfolgt, weder Sparbuch noch Bank stimmen; beide weisen einen falschen Saldo auf.

Auf den T-Konten ergibt sich nämlich dieses Bild:

S	Bank	H		S	Sparbuch	H	
	1.000,00 €				1.000,00 €		1. Tag
	1.000,00 €				**1.000,00 €**		**nach Zahn-OP**

Deshalb wird in der Praxis grundsätzlich immer ein Zwischenkonto eingeschoben.

Wir buchen, wenn wir den Buchungskreis Bank bearbeiten:

- Geldtransit 1.000 Euro Soll
- an Bank 1.000 Euro Haben

Und beim Buchungskreis Sparbuch:

- Sparbuch 1.000 Euro Soll
- an Geldtransit 1.000 Euro Soll

Die Konten haben dann folgendes Aussehen:

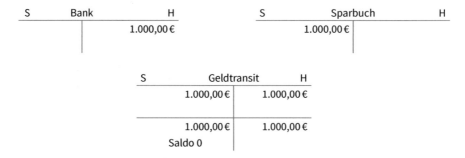

Das Geldtransitkonto weist **immer einen Nullsaldo** auf. Es ist gewährleistet, dass Kasse und Banksaldo stimmen.

Diese Art zu buchen bewährt sich nicht nur in Unternehmen, die mit mehreren Bankkonten arbeiten, sondern sollte zu jeder Zeit in jeder Buchführung – also auch in der der WEG – konsequent umgesetzt werden. Zudem bietet die Abstimmung des Geldtransitkontos immer die Gewähr, dass nicht irgendwo die Erfassung eines (Bank-) Kontos vergessen wurde.

1.14 Die Offene-Posten-Buchhaltung (Kontokorrentkonten)

Kehren wir zurück zu den Bilanzkonten. Wir haben gelernt: Zu den Bilanzkonten gehören die Forderungen und sie stehen auf der Aktivseite. Das Konto Forderungen nimmt demnach im Soll zu und im Haben ab.

Wenn wir nun mehr als zehn Rechnungen im Jahr schreiben (Buchungssatz: Forderungen an Erlöse), verlieren wir schnell den Überblick. Deshalb kommt jetzt ein Trick: In einer sogenannten **Nebenbuchhaltung** bekommt jeder Kunde ein eigenes Forderungskonto. Dieses Forderungskonto nennt man auch **Debitorenkonto**. An jedem dieser Forderungskonten »hängt« ein sogenanntes »Sammelkonto Forderungen«. Es wird z. B. also Forderungen Maier an Erlöse und Forderungen Müller an Erlöse und Forderungen Schulze an Erlöse gebucht.

Nur das »Sammelkonto Forderungen« ist in einer Bilanz ersichtlich – die einzelnen Debitoren sieht man nur in der Nebenbuchhaltung, der Offenen-Posten-Buchhaltung. Die Summe aller Salden auf den Debitorenkonten stehen auf dem Forderungskonto in der Bilanz.

Zahlt ein Kunde, wird dies gegen dessen Debitorenkonto gebucht und -gleichzeitig auf dem Sammelkonto Forderungen. Praktisch funktioniert das so: Es gibt die sogenannten Kontokorrentkonten, das sind Unterkonten jedes Schuldners einzeln mit dessen Forderungen – im Datev-Kontenrahmen beispielsweise die Konten 10000 bis 39999. An denen »klebt« im Hintergrund das Sammelkonto 1200 Forderungen. Wenn ich ein Kontokorrentkonto bebuche, erscheint das gleichzeitig auf dem Forderungskonto. In der Bilanz darf aber nur das zusammengefasste Forderungskonto (die Summe der einzelnen Debitorenkonten) erscheinen.

Beispiel

Es geht eine Rechnung über 100 Euro an Herrn Maier. Für Herrn Maier wird ein Debitorenkonto angelegt: z. B. # 10001 Maier.
Wenn nun Debitor Maier (# 10001) an Erlöse (# 4400) gebucht wird, erscheinen nicht nur 100 Euro im Soll auf dem Konto »Maier«, sondern auch gleichzeitig auf dem Konto Forderungen (# 1200).
Umgekehrt wird bei der Zahlung – Bank (# 1800) an Debitor Maier (# 10001) – gleichzeitig das Forderungskonto (# 1200) entlastet.

Das Gleiche gibt es auf der Passivseite. Die Verbindlichkeiten werden ebenfalls unterteilt: Jeder Lieferant erhält sein eigenes Konto. Damit kann ich jederzeit sehen, welche Rechnungen noch offen und welche bezahlt sind. In der Bilanz sind alle Werte auf dem Konto Verbindlichkeiten zusammengefasst.

Bildlich hat dies folgendes Aussehen:

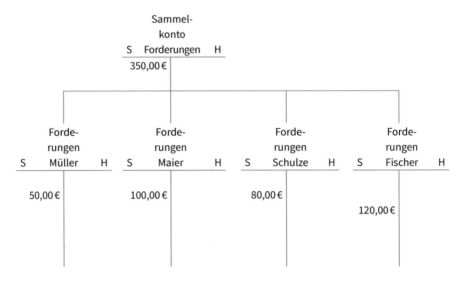

Unterteilung der Verbindlichkeiten in Kreditorenkonten

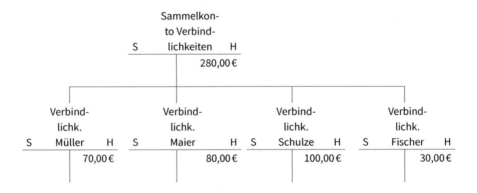

Zusammengefasst: Ein Kontokorrentkonto ist ein Unterkonto des Kontos Forderungen oder Verbindlichkeiten. Hier sind für jeden einzelnen Debitor (Schuldner) dessen Forderungen oder für jeden einzelnen Kreditor (Gläubiger) dessen Verbindlichkeiten dargestellt. Dies dient allein der Übersichtlichkeit.

Dieses System finden Sie wieder bei den Personenkonten der WEG-Buchführung. Dort gibt es sogenannte Eigentümerkonten. Dabei handelt es sich um gemischte Debitoren-/Kreditorenkonten, auf denen in einer Art »Parallelbuchhaltung« alle Forderungen und Verbindlichkeiten aufgezeigt werden, die die Eigentümer gegenüber ihrer WEG haben. Beispiele für die WEG finden Sie im Kapitel 2.7 bei den Personenkonten.

Die Buchungen in der G&V
Die Gegenbuchungen der Forderungen oder Verbindlichkeiten betreffen in der Regel immer Aufwands- oder Ertragskonten. Diese Aufwands- oder Ertragsbuchungen werden in der Gewinn- und Verlustrechnung widergespiegelt.

Die Aufwendungen und Erträge werden einander gegenübergestellt. Der Saldo aus den beiden wird dann über das Eigenkapitalkonto abgerechnet. Ein Gewinn erhöht das Eigenkapital. Erträge werden im Haben gebucht. Gibt es einen Überhang auf der Haben-Seite, nimmt auch das Eigenkapital auf der Haben-Seite zu. Das bedeutet ein Mehr an Vermögen.

In der WEG gibt es kein Eigenkapitalkonto, über das abgerechnet wird. Alle Aufwendungen und Erträge des Kalenderjahres werden einander gegenübergestellt, der Saldo hieraus ergibt das Abrechnungsergebnis, das dann in der Folgeperiode ausbezahlt wird.

Beispiele für Ertrag:
*   Umsatzerlöse, Zinserträge, Mieteinnahmen
*   **in der WEG:** Hausgelder, Einnahmen aus Rücklagen, Fördergelder, Zinserträge

Beispiele für Aufwand:
*   Wareneinkauf, Personalkosten, Mieten, Pachten, Versicherungen, Kfz-Kosten, Abschreibungen
*   **in der WEG:** Personalkosten (z. B. wenn ein Hausmeister angestellt ist), Heizung, Wasser, Strom, Versicherungen, Reparaturen usw.

1.15   Die Umsatzsteuer

Das System der Umsatzsteuer ist komplex und fordert auch jeden Steuerberater immer wieder heraus. Leider kommen wir auch für das spätere Verständnis der WEG-Verwaltung nicht umhin, uns mit ihr und ihrer Verbuchung zu befassen. Oftmals sind nämlich in einer WEG »gewerbliche Einheiten« enthalten, die ihre in den Kosten enthaltene Vorsteuer ausgewiesen haben wollen. Deshalb ist ein grundsätzliches Verständnis hierfür unerlässlich. Viele WEGs gelten außerdem als umsatzsteuerpflichtige Unternehmer, z. B. im Zusammenhang mit der Einspeisung von Strom aus Fotovoltaikanlagen.

1.15.1   Das System der Umsatzsteuer

Die Umsatzsteuer gehört zu den Verbrauchssteuern. Sie wird auf Lieferungen und Leistungen von Unternehmern erhoben und ist vom Endverbraucher zu tragen. Alle Umsatzsteuern, die in einer Liefer-/Leistungskette zwischen Unternehmern anfallen, dürfen als Vorsteuer wieder abgezogen werden. Der Unternehmer ist verpflichtet, die Steuer, die er dem Endverbraucher berechnet, ans Finanzamt abzuführen. Umgekehrt darf er sich alle Steuern, die er bezahlt hat, wieder vom Finanzamt zurückholen. Dies geschieht in einer sogenannten Umsatzsteuervoranmeldung.

Wenn Lieferungen oder Leistungen von einem Unternehmer erbracht werden, muss zuerst geprüft werden, ob dieser Umsatz im Sinne des Umsatzsteuerrechts überhaupt **steuerbar** ist. Voraussetzung für die Steuerbarkeit eines Umsatzes ist: Es muss sich
- um eine **Lieferung oder sonstige Leistung** (z. B. Dienstleistung) handeln,
- die ein **Unternehmer**
- **im Rahmen seines Unternehmens**
- **im Inland**
- **gegen Entgelt**

ausführt.

Ist ein Umsatz steuerbar, muss als Nächstes geprüft werden, ob er auch **steuerpflichtig** oder ob er **steuerfrei** ist. Die Steuerfreiheit ist in § 4 UStG geregelt. Wichtig ist für den WEG-Buchhalter hierbei aber nur der § 4 Nr. 12 UStG. Hier ist geregelt, dass die Vermietung und Verpachtung von Grundstücken steuerfrei ist:

> **§ 4 Steuerbefreiungen bei Lieferungen und sonstigen Leistungen**
> Von den unter § 1 Abs. 1 Nr. 1 fallenden Umsätzen sind steuerfrei: [...]
>> a. die Vermietung und die Verpachtung von Grundstücken, von Berechtigungen, für die die Vorschriften des bürgerlichen Rechts über

       Grundstücke gelten, und von staatlichen Hoheitsrechten, die Nutzungen von Grund und Boden betreffen,

  b. die Überlassung von Grundstücken und Grundstücksteilen zur Nutzung auf Grund eines auf Übertragung des Eigentums gerichteten Vertrags oder Vorvertrags,

  c. die Bestellung, die Übertragung und die Überlassung der Ausübung von dinglichen Nutzungsrechten an Grundstücken.

Hier hat der Gesetzgeber aber die Möglichkeit der sogenannten **Option** vorgesehen, d. h. bestimmte steuerfreie Umsätze darf der Unternehmer steuerpflichtig behandeln. Dies ist sinnvoll, wenn man den Vorsteuerabzug in Anspruch nehmen will.

Wenn der Steuerpflichtige von der Option Gebrauch macht (man sagt hier auch: »Er optiert.«), verzichtet er auf die Steuerfreiheit. Dies muss er dem Finanzamt gegenüber erklären. In der Praxis geschieht das, indem er die Steuer zu diesen Umsätzen anmeldet.

Diese Verzichtserklärung ist nach § 9 Abs. 1 UStG nur unter folgenden Voraussetzungen wirksam:

*   Nur Unternehmer können zur Steuerpflicht optieren.
*   Es muss sich um steuerbare Umsätze handeln.
*   Die steuerbaren Umsätze müssen unter die in § 9 Abs. 1 UStG genannten Steuerbefreiungen fallen.
*   Der Umsatz muss an einen anderen Unternehmer bewirkt werden.
*   Der Umsatz muss für dessen Unternehmen bewirkt werden.

§ 9 Verzicht auf Steuerbefreiungen

(1) Der Unternehmer kann einen Umsatz, der nach § 4 Nr. 8 Buchstabe a bis g, Nr. 9 Buchstabe a, Nr. 12, 13 oder 19 steuerfrei ist, als steuerpflichtig behandeln, wenn der Umsatz an einen anderen Unternehmer für dessen Unternehmen ausgeführt wird

(2) Der Verzicht auf Steuerbefreiung nach Absatz 1 ist bei der Bestellung und Übertragung von Erbbaurechten (§ 4 Nr. 9 Buchstabe a), bei der Vermietung oder Verpachtung von Grundstücken (§ 4 Nr. 12 Satz 1 Buchstabe a) und bei den in § 4 Nr. 12 Satz 1 Buchstabe b und c bezeichneten Umsätzen nur zulässig, soweit der Leistungsempfänger das Grundstück ausschließlich für Umsätze verwendet oder zu verwenden beabsichtigt, die den Vorsteuer-

abzug nicht ausschließen. Der Unternehmer hat die Voraussetzungen nach-
zuweisen.

(3) Der Verzicht auf Steuerbefreiung nach Absatz 1 ist bei Lieferungen von
Grundstücken (§ 4 Nr. 9 Buchstabe a) im Zwangsversteigerungsverfahren
durch den Vollstreckungsschuldner an den Ersteher bis zur Aufforderung zur
Abgabe von Geboten im Versteigerungstermin zulässig. Bei anderen Umsätzen im Sinne von § 4 Nummer 9 Buchstabe a kann der Verzicht auf Steuerbefreiung nach Absatz 1 nur in dem gemäß § 311b Absatz 1 des Bürgerlichen
Gesetzbuchs notariell zu beurkundenden Vertrag erklärt werden.

Eine Option kann auch nur für Teile in Anspruch genommen werden (sogenannte
Teiloption). So kann der Unternehmer zur Umsatzsteuer optieren, wenn er an einen
gewerblichen Unternehmer vermietet, und dies nicht tun, wenn er an einen Privat-
mann vermietet. Der Vorsteuerabzug kommt hier nur quotal zur Geltung. Das bedeutet, dass er nur im Verhältnis der steuerpflichtigen und steuerfreien Umsätze geltend
gemacht werden kann.

Wenn eine WEG zum Beispiel teilweise gewerbliche Einheiten hat, sind deren Eigentümer daran interessiert, die Vorsteuer aus den damit im Zusammenhang stehenden Kosten geltend machen zu können. Die WEG muss dazu beim Finanzamt eine
Steuernummer beantragen. Dann ist sie berechtigt, in der Hausgeldabrechnung für
die gewerblichen Einheiten die Kosten netto, also ohne Vorsteuer, und die Vorsteuer
separat auszuweisen. Der Ausweis der Kosten bei den übrigen Einheiten erfolgt un-
verändert brutto.

! **Beispiel**

80 % der Umsätze werden mit Umsatzsteuer belegt, 20 % nicht. Dann sind auch nur 80 %
der Vorsteuern beim Finanzamt geltend zu machen.

Der Regelsteuersatz beträgt momentan 19 % bzw. 7 %.

Der ermäßigte Steuersatz gilt für Güter, die nicht zu teuer beim Endverbraucher an-
kommen sollen, z. B. für Lebensmittel. Ursprünglich wurde die Umsatzsteuer in den
Wirtschaftswunderjahren eingeführt, um die Produkte künstlich zu verteuern und
senkend auf den Konsum im Inland einzuwirken. Dies war auch – mit umgekehrtem
Vorzeichen – während der Coronapandemie die dahinter stehende Idee. Hier sollte
der Konsum durch eine Verbilligung der Waren angekurbelt werden.

Nur am Rande erwähnt sei, dass es auch Mischsteuersätze gibt, die uns als WEG-Buchhalter eigentlich nicht interessieren. Da sie aber in der Land- und Forstwirtschaft vorkommen, sollten Sie – bei einem eventuellen Pelleteinkauf nicht über den Handel – wissen, dass Sie auf Derartiges treffen können.

Bei der Umsatzsteuer spricht man von der »Allphasen-Umsatzsteuer«, weil in jeder Stufe die Vorsteuer vom Finanzamt gefordert wird und die in Rechnung gestellte Mehrwertsteuer abgeführt werden muss. Hierzu ein Beispiel:

Beispiel

Ein Unternehmer kauft Bananen. Die Rechnung lautet 50 Euro (netto) zzgl. 7 % (Lebensmittel!) Umsatzsteuer.

Er bucht im ersten Schritt wie folgt:

- Wareneinkauf 50 Euro Soll
- und Vorsteuer 3,50 Euro Soll
- an Bank 53,30 Euro Haben

Jetzt möchte er natürlich Gewinn machen. Er beliefert den Großhändler Gustav Granatapfel. Er verkauft seine Bananen deshalb für 100 Euro zzgl. Umsatzsteuer.

Er bucht im zweiten Schritt:

- Bank 107 Euro Soll
- an Erlöse 100 Euro (G&V-Konto) Haben
- und Umsatzsteuer 7 Euro Haben

Jetzt muss er seine Umsatzsteuerkonten zusammenrechnen. Er hat eine Umsatzsteuerschuld von 7 Euro und kann 3,50 Euro als Forderung dagegen rechnen. Er muss also 3,50 Euro ans Finanzamt abführen (Umsatzsteuerzahllast).

S	Wareneinkauf	H
1.	50,00 €	

S	Vorsteuer	H
1.	3,50 €	3,50 €

S	Bank	H
2.	107 €	1. 53,50 €

S	Erlöse	H
		2. 100,00 €

S	Mehrwertsteuer	H
	7,00 €	7,00 €

S	Umsatzsteuerzahllast	H
	3,50 €	2. 7,00 €
	Saldo	3,50 €

Auch Gustav Granatapfel möchte Gewinn machen. Er verkauft an den Einzelhändler die Bananen für 150 Euro zzgl. 7 % Umsatzsteuer.

Der Einzelhändler bucht:

- Wareneingang 150 Euro Soll
- und Vorsteuer 10,50 Soll
- an Bank 160,50 Euro Haben

Er wiederum kann ja 7 Euro als Vorsteuer von seiner Umsatzsteuerschuld in Höhe von 10,50 Euro als Umsatzsteuer ans Finanzamt abziehen. Damit muss er also nur 3,50 Euro ans Finanzamt abführen.

Nun verkauft der Einzelhändler die Bananen an die Kunden für 250 zzgl. Umsatzsteuer (17,50 Euro), also für 267,50 Euro. Er bucht also:

- Bank 267,50 Euro Soll
- an Erlöse 250 Euro Haben
- und Umsatzsteuer 17,50 Euro Haben

Wie viel muss er wohl nun ans Finanzamt abführen? 7,00 Euro (17,50 Euro Umsatzsteuer minus 10,50 Euro Vorsteuer).

Der Endverbraucher bleibt jetzt aber auf der Umsatzsteuer »sitzen« – er trägt die vollen 17,50 Euro, um die sich die Bananen verteuern.

!

Merke

- Die Umsatzsteuer belastet den Unternehmer niemals. Er kalkuliert immer mit den Nettowerten. Alles, was er an Umsatzsteuer (hier Vorsteuer) bezahlt, kann er vom Finanzamt (sogenannter Vorsteuerabzug) zurückfordern.
- Auf alle Umsätze, die er tätigt, muss er Umsatzsteuer aufschlagen – und diese ans Finanzamt abführen. Allein der Endverbraucher ist Schuldner dieser Steuer. Der Unternehmer trägt aber die sogenannte Abrechnungslast.
- Zum Vorsteuerabzug berechtigt ist immer nur der Unternehmer.
- Der Vorsteueranspruch ist eine sonstige Forderung und die Umsatzsteuerverbindlichkeit ist eine sonstige Verbindlichkeit. Beide Positionen werden gegeneinander verrechnet. Der Saldo hieraus ist die Zahllast (oder aber auch der Erstattungsanspruch gegenüber dem Finanzamt). Die Zahllast ist eine sonstige Verbindlichkeit, der Erstattungsanspruch eine sonstige Forderung.
- Diese Zahllast ist im Rahmen der sogenannten Umsatzsteuervoranmeldung dem Finanzamt zu erklären.
- Die endgültige Umsatzsteuerlast trägt ausschließlich der Endverbraucher.

1.15.2   Fotovoltaikanlagen und Blockheizkraftwerke

Viele Wohnungseigentümergemeinschaften heizen mit Blockheizkraftwerken oder betreiben eine Fotovoltaikanlage. Insbesondere Letztere wird in Zukunft noch eine wichtigere Rolle spielen, da geplant ist, bei allen Dachsanierungen zwingend eine Solaranlage »aufzusatteln«.

In der Regel wird ein Teil des erzeugten Stroms selbst verbraucht, ein weiterer gegen eine sogenannte Einspeisevergütung in das Netz eingespeist.

Handelt es sich um eine größere Fotovoltaikanlage (über 10 kWp) oder um ein größeres Blockheizkraftwerk (über 2,5 kW), unterliegt der Teil, der ins Netz eingespeist wird, der Umsatzsteuer. Hier betätigt sich die WEG wirtschaftlich. Sie ist also Unternehmerin. Auch die übrigen Kriterien der Umsatzsteuerpflicht sind gegeben. Zu den Regelungen gibt es ein hilfreiches BMF-Schreiben vom 2. Juni 2021, IV C 6 – S 2240/19/10006:006, 2021/0627224 (BStBl I, S 722), das Sie in den Digitalen Extras finden.

DIGITALE
EXTRAS

Das deutsche Umsatzsteuerrecht kennt aber auch die sogenannte **Kleinunternehmerregelung**. Sie besagt, dass, wenn die Umsätze unter 22.000 Euro im Kalenderjahr betragen, auf das Abführen der Umsatzsteuer verzichtet werden kann. Diese Erklärung ist gegenüber dem Finanzamt abzugeben. An diese Regelung ist der Kleinunternehmer dann fünf Jahre lang gebunden.

Macht die WEG aber von der Kleinunternehmerregelung Gebrauch, kann sie keinen (anteiligen) Vorsteuerabzug in Anspruch nehmen. Umgekehrt kann die WEG einen anteiligen Vorsteuererstattungsanspruch geltend machen, wenn sie von eben dieser Kleinunternehmerregelung Gebrauch macht.

> **Beispiel**
>
> Die WEG Hauptstraße baut eine (kleine) Fotovoltaikanlage für 100.000 Euro zzgl. 19.000 Euro Vorsteuer. 80 % des erzeugten Stroms verbraucht sie selbst, für die restlichen 20 %, die sie ins Netz einspeist, erhält sie 2.000 Euro im Jahr.

Welche Möglichkeiten hat sie?

1. Die WEG kann den anteiligen Vorsteuerabzug in Anspruch nehmen und 3.800 Euro (20 % von 19.000) Euro als Vorsteuer vom Finanzamt fordern. Dann muss sie aber von der Einspeisevergütung 319,33 (die 19 %, die in den 2.000 Euro brutto Einspeisevergütung enthalten sind) jedes Jahr an das Finanzamt abführen. Nach fünf Jahren kann sie wieder auf die Regelung verzichten.
2. Die WEG macht von der Kleinunternehmerregelung Gebrauch; sie holt sich keine Vorsteuer vom Finanzamt und führt auch aus der Einspeisevergütung keine Umsatzsteuer ab.

> **!**   **Achtung**
>
> Die Einspeisevergütung unterliegt der (Einkommen-)Versteuerung der Eigentümer und ist in einer einheitlichen und gesonderten Ermittlung der Einkünfte aus Gewerbebetrieb (sogenannte Feststellungserklärung) dem Finanzamt zu deklarieren.

Des Weiteren ist in § 4 Nr. 13 UStG geregelt, dass die Lieferung von Wärme von einer WEG an ihre Mitglieder steuerbefreit ist. Hier heißt es:

> Von den unter § 1 Abs. 1 Nr. 1 fallenden Umsätzen sind steuerfrei:
> 13. die Leistungen, die die Gemeinschaften der Wohnungseigentümer im Sinne des Wohnungseigentumsgesetzes in der im Bundesgesetzblatt Teil III, Gliederungsnummer 403 – 1, veröffentlichten bereinigten Fassung, in der jeweils geltenden Fassung an die Wohnungseigentümer und Teileigentümer erbringen, soweit die Leistungen in der Überlassung des gemeinschaftlichen Eigentums zum Gebrauch, seiner Instandhaltung, Instandsetzung und sonstigen Verwaltung sowie der Lieferung von Wärme und ähnlichen Gegenständen bestehen.

Hierzu hat der Europäische Gerichtshof (EuGH) am 17. Dezember 2020 in der Rechtssache C-449/19 aber geurteilt, dass die Lieferung von Wärme durch eine Wohnungseigentümergemeinschaft an die Mitglieder dieser Gemeinschaft **nicht** von der Mehrwertsteuer befreit sei. Dies widerspricht somit dem nationalen Umsatzsteuerrecht.

Der zugrunde liegende Fall war folgender: Im Jahr 2012 errichtete die WEG T-Straße ein Blockheizkraftwerk und forderte die gesamte Vorsteuer aus den Anschaffungskosten vom Finanzamt zurück. Das Finanzamt reduzierte den Vorsteuerabzug aber nur auf den Teil, der auf die Wärmeeinspeisung entfällt (siehe auch unser Beispielsfall).

Daraufhin hat die WEG Klage (beim Finanzgericht Baden-Württemberg Außensenate Freiburg) eingelegt. Das Verfahren wurde ausgesetzt und die Sache dem Europäischen Gerichtshof zur Klärung vorgelegt.

Von diesem Urteil sind alle WEGs betroffen, die eine Heizung betreiben und Wärme an ihre Eigentümer liefern. Sollte sich die Auffassung des EuGH durchsetzen, könnten alle WEGs die Vorsteuer aus den Anschaffungskosten eines Blockheizkraftwerks geltend machen. Betragen die Anschaffungskosten einer Heizungsanlage z. B. brutto 130.000 Euro, könnten im Jahr der Anschaffung 20.756,31 Euro vom Finanzamt »zurückgeholt« (enthaltene Vorsteuer 130.000 Euro / 1,19 × 0,19) werden. Dies würde zu erheblichen Finanzierungsvorteilen der WEGs führen.

1.16   Aufbewahrungspflichten

Im Handelsgesetzbuch (§ 257 HGB) (Vorschriften für die Kaufleute) und in der Abgabenordnung (§ 147 AO) (steuerliche Aufbewahrungspflichten) ist geregelt, wie lange kaufmännische Unterlagen aufbewahrt werden müssen.

§ 257 HGB Aufbewahrung von Unterlagen
Aufbewahrungsfristen

(1) Jeder Kaufmann ist verpflichtet, die folgenden Unterlagen geordnet aufzubewahren:

1. Handelsbücher, Inventare, Eröffnungsbilanzen, Jahresabschlüsse, Einzelabschlüsse nach § 325 Abs. 2a, Lageberichte, Konzernabschlüsse, Konzernlageberichte sowie die zu ihrem Verständnis erforderlichen Arbeitsanweisungen und sonstigen Organisationsunterlagen,
2. die empfangenen Handelsbriefe,
3. Wiedergaben der abgesandten Handelsbriefe,
4. Belege für Buchungen in den von ihm nach § 238 Abs. 1 zu führenden Büchern (Buchungsbelege).

(2) Handelsbriefe sind nur Schriftstücke, die ein Handelsgeschäft betreffen.

(3) Mit Ausnahme der Eröffnungsbilanzen und Abschlüsse können die in Absatz 1 aufgeführten Unterlagen auch als Wiedergabe auf einem Bildträger oder auf anderen Datenträgern aufbewahrt werden, wenn dies den Grundsätzen ordnungsmäßiger Buchführung entspricht und sichergestellt ist, daß die Wiedergabe oder die Daten

1. mit den empfangenen Handelsbriefen und den Buchungsbelegen bildlich und mit den anderen Unterlagen inhaltlich übereinstimmen, wenn
   sie lesbar gemacht werden,
2. während der Dauer der Aufbewahrungsfrist verfügbar sind und jederzeit
   innerhalb angemessener Frist lesbar gemacht werden können.

Sind Unterlagen auf Grund des § 239 Abs. 4 Satz 1 auf Datenträgern herge-
stellt worden, können statt des Datenträgers die Daten auch ausgedruckt
aufbewahrt werden; die ausgedruckten Unterlagen können auch nach Satz 1
aufbewahrt werden.

(4) Die in Absatz 1 Nr. 1 und 4 aufgeführten Unterlagen sind zehn Jahre, die
sonstigen in Absatz 1 aufgeführten Unterlagen sechs Jahre aufzubewahren.

(5) Die Aufbewahrungsfrist beginnt mit dem Schluß des Kalenderjahrs, in
dem die letzte Eintragung in das Handelsbuch gemacht, das Inventar aufgestellt, die Eröffnungsbilanz oder der Jahresabschluß festgestellt, der Ein-
zelabschluss nach § 325 Abs. 2a oder der Konzernabschluß aufgestellt, der
Handelsbrief empfangen oder abgesandt worden oder der Buchungsbeleg
entstanden ist.

§ 147 Ordnungsvorschriften für die Aufbewahrung von Unterlagen

(1) Die folgenden Unterlagen sind geordnet aufzubewahren:
1. Bücher und Aufzeichnungen, Inventare, Jahresabschlüsse, Lageberichte, die Eröffnungsbilanz sowie die zu ihrem Verständnis erforderlichen
   Arbeitsanweisungen und sonstigen Organisationsunterlagen,
2. die empfangenen Handels- oder Geschäftsbriefe,
3. Wiedergaben der abgesandten Handels- oder Geschäftsbriefe,
4. Buchungsbelege,
4a. Unterlagen nach Artikel 15 Absatz 1 und Artikel 163 des Zollkodex der
   Union,
5. sonstige Unterlagen, soweit sie für die Besteuerung von Bedeutung sind.

(2) Mit Ausnahme der Jahresabschlüsse, der Eröffnungsbilanz und der Unterlagen nach Absatz 1 Nummer 4a, sofern es sich bei letztgenannten Unterlagen um amtliche Urkunden oder handschriftlich zu unterschreibende nicht
förmliche Präferenznachweise handelt, können die in Absatz 1 aufgeführten Unterlagen auch als Wiedergabe auf einem Bildträger oder auf anderen
Datenträgern aufbewahrt werden, wenn dies den Grundsätzen ordnungsmäßiger Buchführung entspricht und sichergestellt ist, dass die Wiedergabe
oder die Daten

1. mit den empfangenen Handels- oder Geschäftsbriefen und den Buchungsbelegen bildlich und mit den anderen Unterlagen inhaltlich übereinstimmen, wenn sie lesbar gemacht werden,

2. während der Dauer der Aufbewahrungsfrist jederzeit verfügbar sind, unverzüglich lesbar gemacht und maschinell ausgewertet werden können.

(3) Die in Absatz 1 Nr. 1, 4 und 4a aufgeführten Unterlagen sind zehn Jahre, die sonstigen in Absatz 1 aufgeführten Unterlagen sechs Jahre aufzubewahren, sofern nicht in anderen Steuergesetzen kürzere Aufbewahrungsfristen zugelassen sind. Kürzere Aufbewahrungsfristen nach außersteuerlichen Gesetzen lassen die in Satz 1 bestimmte Frist unberührt. Bei empfangenen Lieferscheinen, die keine Buchungsbelege nach Absatz 1 Nummer 4 sind, endet die Aufbewahrungsfrist mit dem Erhalt der Rechnung. Für abgesandte Lieferscheine, die keine Buchungsbelege nach Absatz 1 Nummer 4 sind, endet die Aufbewahrungsfrist mit dem Versand der Rechnung. Die Aufbewahrungsfrist läuft jedoch nicht ab, soweit und solange die Unterlagen für Steuern von Bedeutung sind, für welche die Festsetzungsfrist noch nicht abgelaufen ist; § 169 Abs. 2 Satz 2 gilt nicht.

(4) Die Aufbewahrungsfrist beginnt mit dem Schluss des Kalenderjahrs, in dem die letzte Eintragung in das Buch gemacht, das Inventar, die Eröffnungsbilanz, der Jahresabschluss oder der Lagebericht aufgestellt, der Handels- oder Geschäftsbrief empfangen oder abgesandt worden oder der Buchungsbeleg entstanden ist, ferner die Aufzeichnung vorgenommen worden ist oder die sonstigen Unterlagen entstanden sind.

(5) Wer aufzubewahrende Unterlagen in der Form einer Wiedergabe auf einem Bildträger oder auf anderen Datenträgern vorlegt, ist verpflichtet, auf seine Kosten diejenigen Hilfsmittel zur Verfügung zu stellen, die erforderlich sind, um die Unterlagen lesbar zu machen; auf Verlangen der Finanzbehörde hat er auf seine Kosten die Unterlagen unverzüglich ganz oder teilweise auszudrucken oder ohne Hilfsmittel lesbare Reproduktionen beizubringen.

(6) Sind die Unterlagen nach Absatz 1 mit Hilfe eines Datenverarbeitungssystems erstellt worden, hat die Finanzbehörde im Rahmen einer Außenprüfung das Recht, Einsicht in die gespeicherten Daten zu nehmen und das Datenverarbeitungssystem zur Prüfung dieser Unterlagen zu nutzen. Sie kann im Rahmen einer Außenprüfung auch verlangen, dass die Daten nach ihren Vorgaben maschinell ausgewertet oder ihr die gespeicherten Unterlagen und Aufzeichnungen auf einem maschinell verwertbaren Datenträger zur Verfü-

gung gestellt werden. Teilt der Steuerpflichtige der Finanzbehörde mit, dass sich seine Daten nach Absatz 1 bei einem Dritten befinden, so hat der Dritte

1. der Finanzbehörde Einsicht in die für den Steuerpflichtigen gespeicherten Daten zu gewähren oder

2. diese Daten nach den Vorgaben der Finanzbehörde maschinell auszuwerten oder

3. ihr die für den Steuerpflichtigen gespeicherten Unterlagen und Aufzeichnungen auf einem maschinell verwertbaren Datenträger zur Verfügung zu stellen.

Die Kosten trägt der Steuerpflichtige. In Fällen des Satzes 3 hat der mit der Außenprüfung betraute Amtsträger den in §3 und §4 Nummer 1 und 2 des Steuerberatungsgesetzes bezeichneten Personen sein Erscheinen in angemessener Frist anzukündigen. Sofern noch nicht mit einer Außenprüfung begonnen wurde, ist es im Fall eines Wechsels des Datenverarbeitungssystems oder im Fall der Auslagerung von aufzeichnungs- und aufbewahrungspflichtigen Daten aus dem Produktivsystem in ein anderes Datenverarbeitungssystem ausreichend, wenn der Steuerpflichtige nach Ablauf des fünften Kalenderjahres, das auf die Umstellung oder Auslagerung folgt, diese Daten ausschließlich auf einem maschinell lesbaren und maschinell auswertbaren Datenträger vorhält.

Auch für **WEGs** gelten diese Aufbewahrungspflichten.

Dauerhaft aufbewahrt werden müssen folgende Unterlagen:
- Teilungserklärung und Gemeinschaftsordnung
- Protokolle
- Beschlusssammlung
- Rechtstitel
- Pläne
- Vollmachtsurkunden
- Verträge
- SEPA-Mandate

Der **sechsjährigen Aufbewahrungspflicht** (empfangene und abgesandte Handelsbriefe) unterliegen:
- Grundbuchauszüge
- Korrespondenz mit Wohnungseigentümern oder mit Dritten

- Aktenvermerke
- Angebote
- Gutachten

Der **zehnjährigen Aufbewahrungspflicht** unterliegen die typischen Buchführungsunterlagen wie Journale, Buchungslisten, Rechnungen, Lieferscheine, Gutschriften, Bankkontoauszüge und Avise, Kassenbücher und Kassenbelege. Wenn z. B. ein Hausmeister angestellt ist, gilt die Aufbewahrungspflicht für sämtliche Unterlagen aus der Lohnbuchführung wie Sozialversicherungsunterlagen und Belege. Auch etwaige Prozessakten sind zehn Jahre lang aufzubewahren.

2 Die WEG-Buchhaltung im Detail

2.1 Allgemeines

In den bisherigen Kapiteln haben wir Folgendes gelernt: Kaufleute sind nach gesetzlichen Vorschriften verpflichtet, Bücher zu führen. Je nach Erfordernis können sie ihren Gewinn als Überschuss der Einnahmen über die Ausgaben darstellen oder aber eine Bilanz erstellen. Die Pflicht zur Aufstellung einer Bilanz ist dabei der Regelfall. Eine Bilanz geht immer nach dem Verursachungsprinzip, d. h. ein Aufwand wird in der Periode als Aufwand dargestellt, in der er entstanden ist, und nicht in der Periode, in der er bezahlt wurde.

Und: Wenn es sich um einen bilanzierenden Kaufmann handelt, bucht er Forderungen oder Verbindlichkeiten zweckmäßigerweise zusätzlich in einer Nebenbuchhaltung (Offene-Posten-Buchhaltung/Kontokorrentbuchhaltung).

Eine WEG ist aber weder eine natürliche Person (sie besteht ja aus mindestens zwei Personen) noch eine GbR (diese kann beispielsweise aufgelöst werden), sondern sie muss vielmehr seit der WEG-Reform im Dezember 2020 als teilrechtsfähiger Verband angesehen werden. Früher galt die WEG als »Summe der Eigentümer«; nun ist nur noch die Gemeinschaft maßgeblich. Die WEG wird im Außenverhältnis durch den Verwalter vertreten. Ist kein Verwalter bestellt, vertreten zwingend alle Miteigentümer die Gemeinschaft – und nicht etwa der Beirat oder ein anderer von der Eigentümergemeinschaft bestellter Vertreter. Die Rechtsfähigkeit erstreckt sich dabei immer nur auf das Gemeinschaftseigentum. Die Wohnungseigentümergemeinschaft ist deshalb auch parteifähig, das heißt, sie kann klagen und verklagt werden.

Es gibt **keine gesetzliche Vorschrift**, nach der eine WEG zum Führen von Büchern verpflichtet wäre. HGB und steuerrechtliche Vorschriften gelten nur für Kaufleute. Dennoch sollten in der WEG-Buchhaltung die Grundsätze der ordnungsgemäßen Buchführung (GoB) beachtet werden, das bedeutet konkret:

- **Die Buchhaltung muss vollständig sein.**
  Sie dürfen nicht zwischendurch einen Bankauszug nicht erfassen oder das Sparbuch nicht buchen.

- **Die Buchhaltung muss formell und materiell richtig sein.**
  Nicht einen Aufwand als negativen Ertrag buchen oder die Kosten des Hausmeisters in der Rubrik der durchlaufenden Posten erfassen.
- **Die Buchhaltung muss zeitnah und chronologisch erfasst werden.**
  Natürlich sind hier die Vorschriften nicht so streng wie bei den Kaufleuten und die WEG-Allein-Buchhalterin darf ruhigen Gewissens auch einmal vier Wochen Urlaub machen. Wenn aber die Buchhaltung 2017 erst 2021 erfasst wird, ist sicher etwas falsch gelaufen.
- **Die Buchhaltung muss nachprüfbar sein.**
  Die Belege müssen so geordnet und verarbeitet sein, dass der Belegprüfer aus dem Beirat der WEG die Prüfung der Belege und den Zusammenhang mit der Buchhaltung/Abrechnung auch ohne langatmige Erläuterungen durchführen kann. Er darf zur Belegprüfung auch keine spezielle Ausbildung benötigen. Die WEG-Buchhaltung muss so dargestellt werden, dass sie mit dem gesunden Menschenverstand erfasst werden kann.

Gesetzlich geregelt ist die gesamte »Buchführungspflicht« der WEG in § 28 WEG wie folgt:

> **§ 28 Wirtschaftsplan, Jahresabrechnung, Vermögensbericht**
> (1) Die Wohnungseigentümer beschließen über die Vorschüsse zur Kostentragung und zu den nach § 19 Absatz 2 Nummer 4 oder durch Beschluss vorgesehenen Rücklagen. Zu diesem Zweck hat der Verwalter jeweils für ein Kalenderjahr einen Wirtschaftsplan aufzustellen, der darüber hinaus die voraussichtlichen Einnahmen und Ausgaben enthält.
> (2) Nach Ablauf des Kalenderjahres beschließen die Wohnungseigentümer über die Einforderung von Nachschüssen oder die Anpassung der beschlossenen Vorschüsse. Zur diesem Zweck hat der Verwalter eine Abrechnung über den Wirtschaftsplan (Jahresabrechnung) aufzustellen, der darüber hinaus die Einnahmen und Ausgaben enthält.
> (3) Die Wohnungseigentümer beschließen, wann Forderungen fällig werden und wie sie zu erfüllen sind.
> (4) Der Verwalter hat nach Ablauf des Kalenderjahres einen Vermögensbericht zu erstellen, der den Stand der in Absatz 1 Satz 1 bezeichneten Rücklagen und eine Aufstellung des wesentlichen Gemeinschaftsvermögens enthält. Der Vermögensbericht ist jedem Miteigentümer zur Verfügung zu stellen.

Nach § 28 Abs. 1 können die Eigentümer z. B. über die Hausgelder, die von den Miteigentümern zu tragen sind, beschließen. Zur ordentlichen Verwaltung gehört zudem die Ansammlung einer darüber erreichten angemessenen Rücklage. Die Eigentümer beschließen außerdem, ob die Nachschüsse, auch »**Abrechnungsspitze**« genannt (Definition s. unten), sofort fällig werden oder aber zu einem späteren Zeitpunkt.

Es ist auffällig, dass der Gesetzgeber keine Aussagen darüber trifft, was das Rechenwerk an sich anbelangt. In der Vergangenheit wurden die Gerichte dadurch überlastet, dass hier vielfach über die Richtigkeit gestritten wurde. Falsche Rechenwerke berechtigen in Zukunft nicht mehr zur Beschlussanfechtung.

Fassen wir zusammen: Die Wohnungseigentümer beschließen mittels des Wirtschaftsplans über die vom einzelnen Eigentümer zu tragenden Einnahmen der Gemeinschaft. Diese sogenannten Hausgelder entfallen in einen Anteil, der der laufenden Kostentragung dient, und in einen Anteil, der den Rücklagen zugeführt wird.

Nach Ablauf des Kalenderjahres beschließen die Eigentümer im Rahmen der Jahresabrechnung über die sogenannte **Abrechnungsspitze**. Hier werden alle Soll-Einnahmen des einzelnen Eigentümers den Ausgaben des einzelnen Eigentümers gegenübergestellt; der Saldo hieraus ist die Abrechnungsspitze. Ganz wichtig: Die Abrechnungsspitze bezieht sich auf die jeweilige Einzelabrechnung. Die Eigentümer beschließen demnach über die Summe der Einzelabrechnungen.

Eine sogenannte **Gesamtabrechnung** sollte nach wie vor zu den Abrechnungsunterlagen gehören. Relevant sind aber nur noch die Einzelabrechnungen, da ausschließlich über diese beschlossen wird.

Die Gesamtabrechnung enthält die Gegenüberstellung aller Einnahmen und aller Ausgaben im Laufe eines Jahres; sie wird durch den Banksaldo verprobt. Das Schema ist hier wie folgt:

	Banksaldo am Anfang des Jahres
+	Einnahmen
−	Ausgaben
=	Banksaldo am Ende des Jahres

> **!**   **Wichtig**
>
> Das Prinzip der Soll-Abrechnung ist bei der Ermittlung der Abrechnungsspitze zwingend zu beachten. Alle im Abrechnungszeitraum anteilig auf das Sondereigentum entfallenden tatsächlichen Aufwendungen (anteilige Kosten und anteilige Rücklagentragung) werden den Soll-Hausgeldern gegenübergestellt (und nicht etwa die anteiligen Aufwendungen den tatsächlich bezahlten Vorschüssen).

Der Gegenstand der **Beschlussfassung** ist nur noch die Höhe der Vorschüsse des Wirtschaftsplans und die Höhe der **Soll**-Abrechnungsspitze in der Abrechnung.

Der Vermögensbericht, der jedem Eigentümer zur Verfügung zu stellen ist, enthält den Ist-Stand des tatsächlich vorhandenen Vermögens; das Vermögen selbst ist indes nicht zu bewerten. Der Vermögensbericht hat nur deklaratorische Bedeutung, über ihn ist auch nicht zu beschließen.

Werden die sich aus § 28 WEG der Hausverwaltung aufgegebenen Verpflichtungen nicht oder mangelhaft erfüllt, hat der einzelne Wohnungseigentümer übrigens ausschließlich den Anspruch gegenüber der Gemeinschaft. Der einzelne Eigentümer kann nicht mehr an den Verwalter herantreten.

Die Hausgeldabrechnung muss nur alle Einnahmen allen Ausgaben gegenüberstellen. Alle Einnahmen sind hier als Erträge und alle Ausgaben als Aufwendungen zu buchen.

Das klingt erst einmal simpel.

Doch da gibt es eine gesetzliche Vorschrift, die uns hier einen Riegel vorschiebt – die Heizkostenverordnung. Diese regelt die Abrechnung von Heizkosten und Warmwasser und gilt für Wohnungseigentümer und Mieter gleichermaßen – und diese besagt, dass die Kosten verursachungsgerecht zu erfassen sind. Also ähnlich wie in einer Bilanz.

Und dann gibt es noch eine zweite Ausnahme: Auch die Wohnungseigentümergemeinschaft kennt so etwas Ähnliches wie die **Kontokorrentkonten**. Wir haben gehört, dass jeder Eigentümer eine anteilige Kostentragungspflicht gegenüber der Gemeinschaft hat. Diese muss irgendwo festgehalten werden. Praktisch geschieht das anhand von Kontokorrentkonten im Bereich Forderungen – in der WEG-Buchhaltung auch »**Personenkonten**« genannt.

Hier werden aber Forderungen der Gemeinschaft gegenüber den Eigentümern abgebildet, konkret: die Beträge, die die Gemeinschaft von den Eigentümern monatlich
als Hausgeld fordert, um Ausgaben tätigen sowie Rücklagen ansparen zu können.
Man spricht dann von den »Sollstellungen«. Forderungen entstehen ja, wie wir im
allgemeinen Buchhaltungsteil gelernt haben, immer im Soll.

Umgekehrt stehen alle Zahlungen, die die Eigentümer leisten, im Haben.

Hinweis   !

Bisher war es zulässig, nur diese tatsächlichen Zahlungen der Eigentümer in der soge-
nannten Hausgeldabrechnung erscheinen zu lassen. Mit dem neuen WEG-Recht gilt das
Prinzip der Soll-Abrechnung, das heißt, es wird in der Abrechnung fingiert, dass jeder
Eigentümer genau das bezahlt hat, was er auch hätte bezahlen sollen, unabhängig vom
Ist-Zustand.

Sollte der einzelne Eigentümer seinen Verpflichtungen nicht nachgekommen sein,
zeigt sich dies nicht in der Abrechnungsspitze, sondern im Vermögensbericht.

Die Hausgeldabrechnungen kann man durchaus mit einer Gewinn- und Verlustrechnung vergleichen. Sie stellt die Einnahmen der Gemeinschaft den Ausgaben
gegenüber, wobei alle Einnahmen Erträge und alle Ausgaben Aufwendungen sind.
Das Ergebnis ist aber nicht etwa Gewinn oder Verlust, sondern stellt Guthaben oder
Nachzahlung dar. Die Hausgeldabrechnung wurde nach altem Recht einheitlich für
die gesamte Gemeinschaft und gesondert für jeden einzelnen Miteigentümer erstellt.

Beschlossen wird nur noch über die jeweilige Einzelabrechnung. Theoretisch wäre
es daher möglich, dass der Verwalter nur noch Einzelabrechnungen fertigt, da die
Grundlagen dafür sich aber aus der Buchhaltung und der Zusammenstellung aller
Einnahmen und Ausgaben ergibt, ist dieses Problem eher theoretischer Natur.

2.2   Der buchhalterische Beginn der WEG

Wenn eine WEG ihre Tätigkeit startet, müssen Sie sich zuerst einmal darüber klar
werden, wie die WEG heißt und wie groß die WEG ist, also wie viele Wohnungen sie
hat.

In der WEG-Buchhaltung sprechen wir hier von einem »**Objekt**«. Es erhält eine Nummer und einen Namen. Zum Beispiel: 152 – WEG Schillerstr. 2 Darmstadt. Damit ist für die Verwaltung klar definiert, um welche WEG es sich handelt (Objektbuchführung).

Ein Objekt hat eine gewisse Anzahl von Wohnungen, genannt **Einheiten.** Diese Einheiten entnehmen Sie der Teilungserklärung. Hier sind alle Wohnungen mit genauen Bezeichnungen (z. B. 101 Wohnung 1. EG links), der Höhe der Miteigentumsanteile und den Wohnflächen hinterlegt. Alle diese Informationen benötigen wir in der Buchführung.

Die Einheiten gehören den Eigentümern. Diese Eigentümer müssen Ihnen als WEG-Verwalter bekannt sein. Sie müssen Ihre Namen, Adressen und Bankverbindungen kennen.

Um die kaufmännische Objektverwaltung aufnehmen zu können, muss die WEG ein Bankkonto haben. Darüber werden alle anfallenden Ausgaben getätigt und alle Einnahmen der Gemeinschaft fließen darauf.

Das Bankkonto lautet immer auf den Namen der WEG. Der Verwalter ist aber zwingend verfügungsberechtigt, damit er alle Ausgaben tätigen kann.

Es darf sich beim Bankkonto der WEG nicht um ein Treuhandkonto handeln; Treuhandkonten nämlich lauten auf den Namen des Verwalters und könnten bei dessen Insolvenz mit zur Insolvenzmasse herangezogen werden. Darüber hinaus hätte die WEG keinen Zugriff mehr, wenn der Verwalter plötzlich verstirbt oder die entsprechende juristische Person liquidiert wird.

Daher hat der Verwalter für die Gemeinschaft ein sogenanntes offenes Fremdgeldkonto zu eröffnen; es lautet auf den Namen der WEG (die WEG ist Inhaber), es ist pfändungssicher und kann nicht zur Insolvenzmasse des Hausverwalters herangezogen werden. Auch bei einem Verwalterwechsel kann das Konto einfach beibehalten werden.

Für die Eröffnung eines offenen Fremdgeldkontos ist der Bank eine Legitimation des Verwalters in Form des Verwaltervertrags sowie der Verwaltervollmacht einzureichen.

Natürlich kann sich der Beirat auch einen Online-Zugriff einräumen lassen, wenn er die Bankbewegungen im Auge behalten will. In der Regel wird aber nur eine jährliche Kontrolle im Rahmen der Belegprüfung stattfinden.

Ist das Bankkonto errichtet, ist die Plattform für alle buchhalterischen Tätigkeiten vorhanden – im zweiten Akt ist es mit Einnahmen zu füllen. Diese Einnahmen bestehen in der Regel aus den Hausgeldern.

Die Hausgelder werden grundsätzlich durch die Verwaltung eingezogen. Dazu muss der jeweilige Eigentümer ein SEPA-Mandat erteilen. Auf diesem bestätigt der Eigentümer, dass der Verwalter sein (persönliches) Konto belasten darf. Der Eigentümer gibt seine IBAN und ggf. seine BIC von seinem zu belastenden Konto weiter.

Als Verwalter benötigen Sie dann eine Gläubiger-Identifikationsnummer. Dies ist eine eindeutige Kennzeichnung des Gläubigers im SEPA-Lastschriftverfahren. Sie kann online und kostenlos bei der Bundesbank beantragt werden. Des Weiteren muss jedem SEPA-Lastschriftmandat eine eindeutige Mandatsreferenz zugewiesen werden. So kann der Eigentümer jede Lastschrifteinlösung nachvollziehen und eindeutig zuweisen.

Bei der Lastschrift muss stets ein konkretes Fälligkeitsdatum angegeben werden. Damit sieht der Eigentümer, wann sein Konto belastet wird, und der Verwalter weiß genau, wann die Hausgelder eingehen und er die liquiden Mittel zur Bewirtschaftung des Anwesens zur Verfügung hat.

> **Achtung**   **!**
>
> Der Eigentümer kann den Einzug innerhalb von acht Wochen nach der Belastung ohne Angaben von Gründen widerrufen. Geschieht dies, ist das Mahn- und ggf. Inkassoverfahren zu starten.

Die erforderlichen Einnahmen werden in einem **Wirtschaftsplan** kalkuliert. In diesem Wirtschaftsplan werden die künftigen Ausgaben der Gemeinschaft abgeschätzt. Es werden alle anfallenden Kosten ermittelt – vom Hausmeister über die Heizkosten bis zu den Kosten für den Versammlungsraum. Dies ist immer eine Prognose für die Zukunft. Auf den Wirtschaftsplan wird in Kapitel 2.9 »Controlling« noch detailliert eingegangen. In Höhe der vermutlichen Kosten zuzüglich der Kosten, die für die Rücklagen prognostiziert werden, werden dann Gelder von den Eigentümern angefordert.

Hier eine kurze Zusammenfassung:

Checkliste bei Übernahme/Neuanlage einer WEG

1. Objekt erfassen
2. Einheiten anlegen
3. Eigentümer erfassen
4. Bankkonto anlegen
5. Gläubiger-ID ermitteln
6. SEPA-Mandat anfordern
7. Wirtschaftsplan erstellen/anfordern
8. Beschluss über die Vorschüsse zur Kostentragung anfordern

Alle Angaben, die stets oder in der Regel gleich bleiben, nennt man in der EDV auch »Stammdaten«. Dazu gehören Objekt, Einheiten, Eigentümer, Buchhaltungsstruktur, d. h. Wahl des Kontenplans, Wahl der Buchhaltungsart als Ist-Buchhaltung (im Gegensatz zur Soll-Buchhaltung, die dem Bilanzierungsprinzip entspricht). Selbstverständlich können sich die Stammdaten im Zeitablauf ändern, z. B. wenn ein Eigentümer seine Einheit verkauft, Einheiten zusammengelegt oder die Bankverbindung gewechselt wird.

2.3   Die Einnahmen der Gemeinschaft

2.3.1   Das Hausgeld

Zu den Einnahmen der Gemeinschaft gehört in erster Linie der Teil des Hausgeldes, der für die Bewirtschaftung vorgesehen ist. Die Höhe des Hausgeldes muss die Gemeinschaft beschließen. Dies ist, wie Sie nun schon wissen, in § 28 des WEG geregelt. Praktisch geschieht das jedes Jahr in der Eigentümerversammlung. Der Verwalter hat in der Regel im Rahmen der Hausgeldabrechnung die künftigen Kosten in Zusammenarbeit mit dem Belegprüfer prognostiziert und in einem sogenannten Wirtschaftsplan aufgezeichnet.

Dieses Hausgeld wird für jeden einzelnen Eigentümer festgelegt. Die zu kalkulierenden Kosten werden in der Regel nach Miteigentumsanteilen verteilt. So zumindest sieht es das Gesetz vor. Ist klar, was der einzelne Eigentümer zu tragen hat, ist buchhalterisch in zwei Schritten vorzugehen.

Im **Schritt 1** erfolgt die sogenannte Sollstellung. Diese Sollstellung findet in einem EDV-System »im Hintergrund« statt – das heißt, nur in **der Offenen-Posten-Buchhaltung des Eigentümers** (vgl. dazu das Kapitel zu Kontokorrentkonten 1.14).

Bevor das Hausgeld eingezogen oder überwiesen wird, werden also Forderungen gegenüber den Eigentümern **in einer Nebenbuchhaltung** gebucht. Der Buchungssatz lautet:

- (Forderung) Eigentümer Soll
- an Hausgeldzwischenkonto Haben

Auf T-Konten wird das so dargestellt:

S	Eigentümer A	H		S	Hausgeldzwischen-konto	H
	50,00 €	50,00 €			50,00 €	50,00 €

Diese Buchungen werden im Hintergrund bei Zahlung generiert.

bei Zahlung:

S	Bank	H		S	Hausgeld	H
	50,00 €					50,00 €

Wenn dann tatsächlich bezahlt wird **(Schritt 2)**, wird gebucht:

- Bank Soll 50 Euro
- an Hausgeld Haben 50 Euro

Im EDV-Programm wird das Hausgeld Haben jedem Eigentümer zugeordnet.

Im Hintergrund wird dabei noch ein Zwischenschritt eingeschaltet:

- Hausgeldzwischenkonto des einzelnen Eigentümers Soll
- an Forderung des Eigentümers Haben

Achtung !

Diese Zwischenkonten sehen Sie in der EDV-Buchhaltung nicht. Sie generieren nur die Soll-Stellung. Beim Einzug wird nicht nur die Buchung »Bank an Hausgeld« generiert, sondern gleichzeitig das Forderungskonto des Eigentümers dadurch entlastet, dass Sie die einzelne Buchung – manuell oder maschinell – dem Eigentümer zuweisen.

Das Konto des Eigentümers, der sein Hausgeld in korrekter Höhe bezahlt hat, ist ausgeglichen. Hat er zu wenig bezahlt, bleibt bei ihm eine Forderung der WEG gegenüber ihm.

Das würde dann wie folgt aussehen:

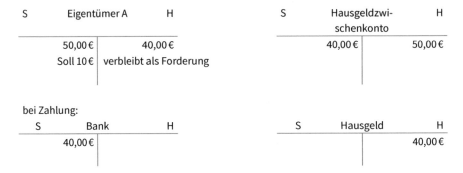

S	Eigentümer A	H
50,00 €	40,00 €	
Soll 10 €	verbleibt als Forderung	

S	Hausgeldzwischenkonto	H
40,00 €	50,00 €	

bei Zahlung:

S	Bank	H
40,00 €		

S	Hausgeld	H
	40,00 €	

Im § 18 Abs. 1 WEG ist übrigens geregelt, dass dem Eigentümer, der seinen Hausgeldverpflichtungen nicht nachkommt, sogar das Wohneigentum entzogen werden kann.

Durch die Buchungsweise wird zum einen das Hausgeld in der Abrechnung als Ertrag ausgewiesen, zum anderen werden die offenen Posten des Eigentümers ausgeglichen. Mittels moderner EDV geschehen die Sollstellung und auch der Ausgleich automatisch.

> **!**
>
> **Merke**
>
> In dieser Vorgehensweise ist keine Durchbrechung des reinen Zufluss-Abfluss-Prinzips zu sehen. Die WEG-Buchhaltung führt nur im Hintergrund eine Offene-Posten-Buchhaltung (Debitoren/Forderungen). Die offenen Posten zeigen die Forderungen der WEG an die Eigentümer und werden durch Zahlung ausgeglichen. Die offenen Posten werden auch oft nur kurz als »OP« bezeichnet.
> In der Gesamtabrechnung werden immer nur die tatsächlich vom Eigentümer bezahlten Hausgelder in der Abrechnungsperiode ausgewiesen.

Es gibt aber auch heute noch kleinere Verwalter oder selbst verwaltende WEGs, die kein EDV-Buchhaltungsprogramm verwenden. Diese müssen auf »Karteikarten« (i. d. R. in Form von Excel-Tabellen) zurückgreifen. Sie müssen für jeden Eigentümer auf der linken Seite eintragen, was er jeden Monat zu zahlen hat. Wenn dann der Zahlungseingang auf dem Girokonto erfolgt ist, wird dies auf der rechten Seite mit dem korrekten Datum vermerkt.

1. Darstellung des Bankkontos

Datum	Betrag Eingang	Betrag Ausgang	Text
02.01.2020	100,00 €		Hausgeld Eigentümer A

2. Darstellung der offenen Posten

Eigentümer A Hausgeld		
		bezahlt
Jan	100,00 €	02.01.2022
Feb	100,00 €	04.02.2022
Mrz	100,00 €	
Apr	100,00 €	
Mai	100,00 €	
Jun	100,00 €	
Jul	100,00 €	
Aug	100,00 €	
Sep	100,00 €	
Okt	100,00 €	
Nov	100,00 €	
Dez	100,00 €	

So muss in einer Excel-»Fußgängerlösung« das Hausgeld insgesamt als Einnahme und für jeden Eigentümer noch gesondert »verbucht« werden. An dieser Stelle sei vermerkt, dass diese Excel-Lösungen sehr fehleranfällig und aufwendig sind. Größere Hausverwaltungen können sich nicht erlauben, damit zu arbeiten. EDV-Systeme wie z. B. Haufe, Domus oder Karthago bieten hier flexible Lösungen an.

2.3.2   Rücklagen

Nun enthält das Hausgeld aber nicht nur die Einnahmen für die laufende Bewirtschaftung, sondern auch einen weiteren Anteil für die Rücklagen (vgl. auch Rücklagen im allgemeinen Einführungsteil 1.10.2). Hierbei handelt es sich zunächst einmal um eine typische Einnahme der Wohnungseigentümergemeinschaft. Sie ist ein Teil des Hausgeldes. Hier sollen Gelder angespart werden, die nicht der laufenden Bewirtschaftung dienen. Vielmehr sollen von ihnen spätere höhere Ausgaben getätigt werden.

Im Einführungsteil haben wir gelernt, dass die Rücklagen in der reinen Buchführungslehre Teil des Eigenkapitals sind. Eine WEG hat kein Eigenkapital. Der Begriff »Rücklagen« wird hier für die Teile des Hausgeldes, die angespart werden, um spätere höhere Reparaturaufwendungen bezahlen zu können, verwendet.

Ganz wichtig ist aber die Tatsache, dass die Rücklage immer der WEG gehört und niemals anteilig dem einzelnen Eigentümer, auch wenn die auf den Einzelnen entfallende Rücklage bei einer Veräußerung der Immobilie durchaus berücksichtigt wird.

Über die angemessene Höhe der Rücklage gibt es widerstreitende Meinungen. Das Gesetz bestimmt in § 19 Abs. 2 Nr. 4 WEG nur, dass zu einer ordnungsgemäßen Verwaltung die Ansammlung einer angemessenen Verwaltungsrücklage gehört.

Der Verwalter sollte demnach darauf achten, dass für eine ausreichende Höhe gesorgt wird. Sind zu geringe Mittel für eine notwendige Reparatur vorhanden und ein Eigentümer ist nicht in der Lage, seinen anteiligen Betrag aufzubringen, muss die Gemeinschaft einspringen. Dennoch gibt es viele – insbesondere Kapitalanleger –, die die Höhe der Rücklagen und somit das Hausgeld niedrig halten wollen.

Die Rücklage sollte nach dem alten WEG-Recht auf einem separaten Bankkonto (oder Sparbuch) angelegt werden; dies konnte aus dem § 27 Abs. 3 Nr. 5 WEG a. F. gefolgert werden. Das neue WEG-Recht sieht keine derartige Bestimmung mehr vor. Ein eigenes Konto ist aber empfehlenswert, weil dann dem buchhalterisch unbedarften Eigentümer leichter klargemacht werden kann, dass die (gebuchte) Rücklage auch tatsächlich physisch in Form eines Bankkontos (in der Regel ein Tagesgeldkonto) vorhanden ist. Durch das Erfordernis des Vermögensberichts hat dieses Vorgehen aber an Bedeutung verloren. Weil Sie in Ihrer Buchführung bzw. in der daraus resultierenden Abrechnung immer die Rücklage dem Vermögen gegenüberstellen, ist offensichtlich, ob die liquiden Mittel zur Deckung der Rücklagen tatsächlich vorhanden sind.

Auch die Rücklagenforderung muss beim Eigentümer »ins Soll gestellt werden«. Das bedeutet: Auf dem Eigentümer-Kontokorrentkonto wird eine Forderung gebucht. Diese wird dann nach Einzug der Rücklage (Gutschrift auf dem Girokonto) ausgeglichen. Das Prozedere ist genauso, wie bereits beim Hausgeld beschrieben.

Der erste Schritt ist also die (im Hintergrund vorzunehmende) Kontokorrentbuchung:
- Forderung Eigentümer Soll
- an Rücklagenverrechnungskonto Haben

Wenn das Geld bei der WEG auf dem Girokonto gutgeschrieben wird, lautet der Buchungssatz:
- Bank Soll
- an Einnahme aus Rücklage Haben (Ertragsbuchung)

Im »Hintergrund« wird gleichzeitig der Buchungssatz »Rücklagenverrechnungskonto Soll an Eigentümer-Forderungskonto Haben« gebildet. Bei der EDV-Buchung über eine Verwaltersoftware sehen Sie die Buchungen im Hintergrund gar nicht. Hier lösen Sie nur die »Sollstellungen« aus und ordnen die »Einnahme aus Rücklage« dem Eigentümer zu.

Die Weiterleitung vom Girokonto auf das Sparbuch sieht dann so aus:
- Einstellung in die Rücklagen Soll (Aufwand)
- an Bank (Haben)

Und auf dem Rücklagen-Giro-/Sparkonto:
- Tagesgeld Soll
- an Rücklagen Haben (Passivkonto)

Das sind dann die tatsächlich bezahlten Ist-Rücklagen.

Früher wurden die Rücklagen auch als »Instandhaltungsrückstellung« bezeichnet. Geht man davon aus, dass die Rücklagen irgendwann dazu verwendet werden, größere Reparaturen zu bezahlen, hat diese Bezeichnung durchaus ihre Berechtigung. In diesem Buch wird aber unter Beachtung des neuen WEG-Rechts von »Erhaltungsrücklagen« gesprochen, denn sie werden ja erst durch Beschluss über die Verwendung entnommen.

Wie bereits erwähnt: Rein rechtlich sind die Rücklagen immer Eigentum der **Gemeinschaft,** nicht Eigentum des jeweiligen Eigentümers. Daran ändert auch die Tatsache nichts, dass in der Hausgeldabrechnung stets der Rücklagenanteil des einzelnen Miteigentümers gemessen an seinem Miteigentumsanteil ausgewiesen wird.

> **!** **Merke**
>
> Der Ertrag aus der Rücklage und der Aufwand aus der Einstellung in die Rücklagen gleichen sich ertragsmäßig aus.

Die Einzahlung der Rücklage auf das WEG-Bewirtschaftungskonto ist in der Gesamtrechnung der WEG immer als Einnahme zu sehen, der Übertrag der Rücklage auf das Sparbuch oder Tagesgeldkonto als Ausgabe. Auch hier zeigt sich der Vorteil von EDV-Systemen, die so konzipiert sind, dass jede Einnahme zuerst ertragswirksam verbucht wird und beim Transfer des Geldes automatisch die entsprechenden Buchungen im Hintergrund generiert werden.

Mancher Buchhalter könnte jetzt die Buchungen abzukürzen versuchen. Er würde nur »Bank Soll an Rücklagen Haben« buchen. Das könnte aber zu Problemen führen: Das Konto »Rücklagen« erscheint nicht in der laufenden **Gesamtrechnung** und nach dem Zufluss-Abfluss-Prinzip sind alle Einnahmen als Erträge auszuweisen. In der Einzelabrechnung weist der Verwalter die Soll-Rücklagen aus (wie auch die Soll-Hausgelder). Das sind die, die beim Eigentümer ins Soll gestellt wurden – ohne Rücksicht darauf, ob sie tatsächlich bezahlt sind. Wenn die Eigentümer die Rücklagen nicht vollständig begleichen, stimmen die Soll-Rücklagen nicht mit den tatsächlichen überein. Das ist der Tatsache geschuldet, dass über die Abrechnungsspitze auf der Basis der Soll-Abrechnungen beschlossen wird.

Auch könnte es passieren, dass die Einnahmen aus den Rücklagen auf dem Bankkonto zwar korrekt eingehen, aber die WEG in einen kurzfristigen Liquiditätsengpass gerät und die Einnahmen, die eigentlich ins »Sparkässlein« sollten, zur Deckung der laufenden Ausgaben verwendet werden, damit das Bewirtschaftungsgirokonto nicht überzogen wird. Dies führt zu einer Unterdeckung der Rücklagen durch liquide Mittel und kann nur transparent dargestellt werden, wenn auf buchhalterische Trennung des Eingangs der Rücklagen als Einnahme und der anschließenden Weiterleitung des Geldes auf das Sparbuch als Ausgabe unterschieden wird.

Nur wenn alle Rücklagen in vollem Umfang beglichen und unverzüglich weitergeleitet werden, stimmen die Soll-Rücklagen mit den tatsächlichen überein.

Merke !

Auch hier zeigt sich, wie immens wichtig es ist, dass in der WEG-Buchhaltung alle Einnahmen als Erträge und alle Ausgaben als Aufwendungen gezeigt werden. Nur so kann größtmögliche Transparenz geschaffen werden.

Weisen Sie deshalb immer, auch wenn es nicht zwingend gesetzlich gefordert ist, eine Abstimmung mit dem Banksaldo aus.

	Banksaldo 01.01.
+	Einnahmen
−	Ausgaben
=	Banksaldo zum 31.12.

Die Buchungen des Hausgeldes seien jetzt nochmals (mit der Rücklagenbildung) an einem Beispiel erläutert:

Beispiel !

Das Hausgeld des Eigentümers beträgt 250 Euro pro Monat, wobei 200 Euro für die laufenden Bewirtschaftung und 50 Euro für die Rücklagenbildung gedacht sind.
Hier sind zu buchen:
- Bank Soll 250 Euro
- an Hausgeld (Bewirtschaftung) Haben 200 Euro und an Hausgeld (Rücklagen) Haben 50 Euro
Das Hausgeld ist in beiden Fällen eine Einnahme = Ertrag. Wird das Geld für die Rücklage nun separiert, ist zu buchen:
- Geldtransit Soll 50 Euro an Bank Haben 50 Euro
- und Tagesgeld 50 Euro Soll an Geldtransit 50 Euro Haben

> Damit wird das Geld auf einem separaten Konto angelegt. Und gleichzeitig:
> - Einstellung in die Rücklagen (Aufwand) 50 Euro
> - an Rücklagen (Bilanzkonto) 50 Euro
>
> Die Einnahme aus dem Hausgeld und der Aufwand saldieren sich. Die buchhalterische Rücklage wird damit ausgewiesen.

Hier wird auf Hintergrundbuchungen nicht eingegangen.

2.3.3   Zinserträge

Weitere Einnahmen sind Zinserträge, die es tatsächlich noch vereinzelt geben soll und die es vielleicht in ferner Zukunft auch wieder geben wird, sollte sich Europa an der FED orientieren. Manche älteren Eigentümergemeinschaften haben nämlich noch alte Sparbücher, bei denen noch etwas Verzinsung zu verzeichnen ist.

Bei der Gutschrift der Zinserträge wird immer Kapitalertragsteuer (und Solidaritätszuschlag) einbehalten, sodass nicht der volle Zinsbetrag, sondern der um die Steuer verminderte auf dem Konto gutgeschrieben wird. Angenommen, die Zinsen betragen 100 Euro und es werden 25 Euro Kapitalertragsteuer sowie 1,38 Euro Solidaritätszuschlag einbehalten, lautet der Buchungssatz:
- Bank 73,62 Euro Soll
- und Kapitalertragsteuer 25 Euro Soll
- und Solidaritätszuschlag 1,38 Euro Soll
- an Zinsertrag 100 Euro Haben

Auf den T-Konten stellt sich das wie folgt dar:

S	Bank	H
73,62 €		

S	Zinsertrag	H
		100,00 €

S	ZASt	H
25,00 €		

S	Soli zur ZASt	H
1,38 €		

Da Kapitalertragsteuer und Solidaritätszuschlag Aufwand darstellen, werden in der Abrechnung per Saldo auch nur 73,62 Euro Ertrag ausgewiesen. Es ist aber klar dargelegt, was auf den Bruttoertrag entfällt und wie hoch die Steuer ist. Es wäre falsch, nur den zugeflossenen Betrag als Ertrag zu buchen, denn dies widerspräche dem Saldierungsverbot, nach dem Einnahmen nicht mit Ausgaben verrechnet werden dürfen.

Da das Saldierungsverbot, d. h. Saldierung von Aufwand und Ertrag auf einem Konto, im HGB geregelt ist, könnte trefflich darüber gestritten werden, ob dies auch für die WEG gilt. Das Saldierungsverbot hat sich aber bereits so sehr gefestigt, dass man es als GoB ansehen kann. Somit gälte es auch für die WEG-Buchführung. Auf jeden Fall dient der Ausweis der Transparenz. Deshalb buchen Sie immer Erträge und Aufwendungen separat.

2.3.4   Sonderumlagen

Weitere Einnahmen können aus **Sonderumlagen** stammen. Wenn eine größere Reparatur im Raum steht, die aus den Rücklagen nicht gespeist werden kann oder nach dem Willen der Eigentümergemeinschaft nicht aus den Rücklagen gespeist werden soll, weil diese schon für andere Dinge verplant sind, wird eine sogenannte Sonderumlage erhoben. Der Buchungssatz lautet hier:

- Eigentümer Soll an Sonderumlagezwischenkonto Haben

Und bei Eingang/Einzug des Geldes:

- Bank Soll an Sonderumlage Haben

Gleichzeitig in der Nebenbuchhaltung:

- Sonderumlagezwischenkonto Soll
- an Eigentümerkonto Haben

Anmerkung zu Sonderumlagen

Einnahmen aus einer Sonderumlage und die damit verbundenen Ausgaben sind in tatsächlicher Höhe auszuweisen. Eine gesonderte Sonderumlageberechnung darf nicht vorgenommen werden. Wenn die Sonderumlage in dem Jahr erhoben wird, in dem die Ausgabe getätigt wird, ist das ohne Probleme umzusetzen.

Es gibt aber Fälle, in denen die Eigentümer zunächst die Aufstockung der Erhaltungs-rücklage durch die Sonderumlage beschließen. Dann muss die Einnahme aus der Sonderumlage zunächst ergebnisneutral in die Rücklagen (Bilanzkonto) überführt werden. Gleichzeitig war es bisher Usus, in der Jahresabrechnung die Sonderzufüh-rung in der Rücklagenentwicklung darzustellen. Es ist davon auszugehen, dass diese Vorgehensweise weiterhin in der Praxis verfolgt wird, auch wenn sie nach neuem WEG-Recht nicht mehr gefordert ist.

Hat die Maßnahme **weniger gekostet** als die erhobene Sonderumlage, wird entwe-der der übersteigende Betrag an die Eigentümer ausgeschüttet (es bleibt also bei der ertragswirksamen Buchung) oder er wird der Erhaltungsrücklage zugeführt (dazu ist aber ein entsprechender Mehrheitsbeschluss der Wohnungseigentümer erforder-lich). Hat die Maßnahme **mehr gekostet** als geplant, ist eine Nachfinanzierung über eine weitere Sonderumlage oder aber durch Entnahme aus den Rücklagen (auch hier ist ein Beschluss notwendig) vorzunehmen.

Betrifft die Sonderumlage eine **mehrjährige Maßnahme**, sind die Einnahmen in der Gesamtabrechnung darzustellen. Sie dürfen aber in den Einzelabrechnungen nicht wieder ausgeschüttet werden, sonst wäre das Geld ja weg. Stattdessen ist in diesem Fall eine Sonderrücklage zu bilden, die jedes Jahr in Höhe der tatsächlichen Ausga-ben aufgelöst wird. Erst bei vollständiger Beendigung der Maßnahme ist die Sonder-umlage komplett aufzulösen. Wie zuvor beschrieben geschieht dies ertragswirksam oder ertragsneutral durch Zuführung in die allgemeine Rücklage.

!

Merke

Die Systematik besteht immer darin, dass die eigentlichen Buchungsvorfälle im Rahmen einer Zufluss-Abfluss-Rechnung als Erträge und Aufwendungen, in der Nebenbuchhaltung aber über Personenkonten (Kontokorrentkonten) dargestellt werden. Es muss immer klar sein, welcher Eigentümer seinen Verpflichtungen nachgekommen ist und bei welchem noch Forderungen offen sind.

2.3.5   Das Abrechnungsergebnis

Entsteht am Ende des Abrechnungsjahres ein **Guthaben** für die Wohnungseigentü-mergemeinschaft (oder umgekehrt eine Nachzahlungsverpflichtung der Eigentümer) aus der Abrechnung des Vorjahres, wird dies auf das **Ertragskonto Abrechnungsergebnis** gebucht.

- Bank Soll
- an Abrechnungsergebnis Haben

Nach neuem Recht ist immer das **Einzelabrechnungsergebnis** gemeint. Auch das Abrechnungsergebnis wird in der Nebenbuchhaltung (quasi Kontokorrentbuchhaltung) auf den einzelnen Eigentümern abgerechnet.

Das Konto »Abrechnungsergebnis« ist immer ein aufwandswirksames Konto, denn nur so kann die Hausgeldabrechnung im Gesamten korrekt nach dem Zufluss-Abfluss-Prinzip dargestellt und den einzelnen Beträgen korrekt zugeordnet werden. Im Kapitel 2.4 »Ausgaben der Gemeinschaft« wird hierauf nochmals gesondert eingegangen.

Besteht das Abrechnungsergebnis in einem Aufwand für die WEG (d. h. die Eigentümer bekommen Überzahlungen erstattet), wird es im Soll angesprochen.

- Abrechnungsergebnis Soll
- an Bank Haben

2.3.6   Sonstige Erträge

Daneben gibt es sonstige Erträge, zum Beispiel bei der Erstattung von Versicherungsschäden. Entsteht z. B. ein Leitungswasserschaden, sind die Kosten hierfür bei den Reparaturen abzubilden. Um die Buchhaltung transparent darzustellen, sollte hier ein separates Konto »Reparaturen Versicherungsschäden« gebildet werden.

Beispiel   !

Ein Leitungswasserschaden wird für 5.000 Euro behoben; die Versicherung zahlt nach Abzug eines Selbstbehalts von 500 Euro 4.500 Euro. Wir buchen:

- Versicherungsschäden Soll 5.000 Euro
- an Bank 5.000 Euro Haben

Und bei der Erstattung:

- Bank Soll 4.500 Euro
- an Erträge aus der Erstattung von Versicherungsschäden 4.500 Euro

---

Denkbar wäre auch hier – da die WEG nicht buchführungspflichtig nach den Vorschriften des Handelsgesetzbuches ist –, den Ertrag direkt gegen das Konto »Versicherungsschäden« zu buchen (die zur Buchführung verpflichteten Kaufleute müssen auch hier das Saldierungsverbot beachten – Einnahmen und Ausgaben müssen hier getrennt gebucht werden).

Per Saldo ist es sicher richtig, wenn dargestellt wird, dass die Gemeinschaft auf 500 Euro Kosten »sitzen« bleibt. Allerdings kann durch die konsequente Trennung der Aufwands- und Ertragsbuchung jederzeit genau nachvollzogen werden, wie hoch der Schaden insgesamt war. Das erspart auch im Rahmen der Belegprüfung aufwendige Recherchen.

Beachten Sie auch hier das Saldierungsverbot – dies gilt gesetzlich zwar nur für Kaufleute, sollte aus Gründen der Transparenz aber grundsätzlich beachtet werden.

2.3.7 Einspeisevergütungen

Zu den weiteren Einnahmen, die auf dem Konto einer WEG eingehen können, gehören die sogenannten **Einspeisevergütungen**. Betreibt eine WEG ein Blockheizkraftwerk oder eine Fotovoltaikanlage, ist nicht nur umsatzsteuerlich einiges zu bedenken (erläutert im Kapitel 1.15 »Umsatzsteuer«). Grundsätzlich wird der dadurch erzeugte Strom selbst verbraucht. Der Überschuss, der von den einzelnen Eigentümern nicht verbraucht werden kann, wird ins öffentliche Netz eingespeist – dafür erhält die WEG die Einspeisevergütung. Hier betätigt sie sich gewerblich, somit sind die Einkünfte zu versteuern. Sie sind an die Mitglieder auszuschütten und im Rahmen einer sogenannten einheitlichen und gesonderten Gewinnfeststellung zu deklarieren. Handelt es sich um kleine Beträge und viele Eigentümer, verzichtet das Finanzamt in der Regel auf die Steuererklärung, weil der Aufwand in keinem Verhältnis zur Steuerlast steht.

! Merke

Der Verwalter sollte die WEG immer auf die Steuerpflicht aus der Einspeisevergütung hinweisen und mit dem Veranlagungsbezirk des zuständigen Finanzamtes abklären, ob auf die Erklärungspflicht verzichtet werden kann.

Unabhängig von der Besteuerung gehören die Erträge aus der Einspeisevergütung selbstverständlich zu den Einnahmen der Gemeinschaft; hier ist zweckmäßigerweise ein separates Konto anzulegen.

Buchungssatz:
- Bank Soll
- an Einspeisevergütung (Ertrag) Haben

Die Einspeisevergütung darf nicht nur in der Gesamtrechnung der WEG auftauchen, sondern muss auch in die Einzelabrechnung überführt werden, damit sie anteilig ausgeschüttet werden kann.

2.3.8   Vermietung und Verpachtung

Die Wohnungseigentümergemeinschaft kann Teile ihres Gemeinschaftseigentums vermieten oder verpachten. Die daraus resultierenden Einnahmen sind (leider) zu versteuern. § 21 EStG bestimmt nämlich:

> (1) Einkünfte aus Vermietung und Verpachtung sind
> 1. Einkünfte aus Vermietung und Verpachtung von unbeweglichem Vermögen, insbesondere von Grundstücken, Gebäuden, Gebäudeteilen, Schiffen, die in ein Schiffsregister eingetragen sind, und Rechten, die den Vorschriften des bürgerlichen Rechts über Grundstücke unterliegen (z. B. Erbbaurecht, Mineralgewinnungsrecht).

Verpachtet nun die WEG z. B. einen Teil des Gartens, der zum Gemeinschaftseigentum gehört, sind diese Einnahmen anteilig an die Eigentümer auszuschütten. Die anteiligen Einkünfte sind im Rahmen einer einheitlichen und gesonderten Feststellung der Einkünfte aus Vermietung und Verpachtung dem Finanzamt gegenüber zu erklären. Die damit in Zusammenhang stehenden Kosten sind davon abzuziehen und in der Steuererklärung als Werbungskosten abzugsfähig. Auch hier tut der vorsichtige Verwalter gut daran, die Vorgehensweise mit dem zuständigen Finanzamt abzuklären.

In der Praxis werden, je nach Umfang, die Einnahmen so niedrig und die für die Erstellung der Erklärung notwendigen Kosten so hoch sein (man bedenke, jeder Eigentümer ist in der Feststellungserklärung gesondert aufzuführen, bei größeren WEGs mit hundert oder mehr Miteigentümern ein zweifelhaftes Vergnügen), dass hier Verluste entstehen und das Finanzamt spätestens nach dem dritten Jahr wegen sogenannter Liebhaberei auf eine Abgabe verzichten wird.

2.3.9 Fördergelder

Im Rahmen des EEG gibt es nicht nur immer mehr Auflagen, es können auch Fördergelder – z. B. beim Einbau einer neuen Heizungsanlage – beantragt werden. Diese sind ebenfalls als Ertrag auszuweisen (und vermindern damit die Abrechnungsspitze durch die Instandsetzungsmaßnahme).

Die KfW (Kreditanstalt für Wiederaufbau) und die BAFA (Bundesamt für Wirtschaft und Ausfuhrkontrolle) sind hier die ersten Ansprechpartner. Sie bieten nicht nur Kredite, sondern auch Zuschüsse, die nicht zurückgezahlt werden müssen. Diese Fördergelder gibt es nicht nur für Privatpersonen, sondern auch für Wohnungseigentümer.

Auch einzelne Bundesländer legen Förderprogramme auf, insbesondere für energiesparende Projekte. Es bleibt abzuwarten, wie die grün geprägte Regierung künftig damit umgehen wird. In Einzelfällen sind die Förderprogramme der BAFA und KfW sogar miteinander kombinierbar.

Ansprechpartner sind hier für die WEGs in der Regel die Energieberater.

Beim Auszahlen der Mittel buchen wir:
- Bank Soll
- an Fördermittel (sonstige betriebliche Erträge) Haben

! **Achtung**

Momentan gilt ein Förderstopp für KfW-Förderprogramme, gesetzliche Bestimmungen können sich hier jederzeit ändern.

Nur am Rande zu erwähnen wären **außerordentliche Erträge**. Das sind kurzum alle Erträge, die nicht in eine der genannten Kategorien passen. Es handelt sich hier um Erträge, die der Wohnungseigentümergemeinschaft zugute kommen, aber eigentlich mit der normalen Bewirtschaftung des Anwesens nichts zu tun haben.

Beispiel !

Ein Eigentümer hat im Lotto gewonnen und schenkt der WEG 10.000 Euro, damit diese den Eingang zum Anwesen durch einen Gärtner neu gestalten kann. Zu eventuellen (schenkung-)steuerlichen Auswirkungen werden bei diesem Beispiel keine Aussagen getroffen.

Eine weitere Möglichkeit der WEG, Einnahmen zu generieren, ist, diese zu finanzieren. Dabei ist der Verwalter verpflichtet, sämtliche Informationen bereitzustellen, die für die Entscheidung notwendig sind. Der Verwalter darf die Kreditverträge aber nicht selbst abschließen – dafür sind die Eigentümer zuständig.

Das folgende Schaubild soll die Einnahmen der Gemeinschaft nochmals darstellen:

Art der Einnahme	Zweck	Buchungssatz	Besonderheiten
Hausgeld	laufende Bewirtschaftung	Bank an Hausgeld	
Rücklage	• notwendige Reparaturen • Modernisierung	Bank an Rücklagen (Ertragskonto)	sollte auf separates Konto transferiert und in der Jahresabrechnung ausgewiesen werden
Sonderumlage	Generierung zusätzlicher finanzieller Mittel	Bank an Sonderumlage (Ertragskonto)	
Kredit	• notwendige Reparaturen • Modernisierung	Bank an Darlehensmittel (Ertrag)	ist im Vermögensbericht auszuweisen
Fördergelder	Zuschuss zu Modernisierung	Bank an sonstige betriebliche Erträge (Fördergeld)	muss nicht zurückgezahlt werden

2.4 Die Ausgaben der Gemeinschaft

2.4.1 Kosten für das Gemeinschaftseigentum und das Sondereigentum

Zu den Ausgaben, die gleichzeitig Aufwendungen sind, d.h. bei der Ermittlung der Hausgeldabrechnung berücksichtigt werden, gehören die Kosten des gemeinschaftlichen Verbrauchs. Das sind alle Kosten, die im Gemeinschaftseigentum anfallen. Dazu müssen wir zuerst wissen: Was gehört zum Gemeinschaftseigentum?

Zunächst einmal lesen wir in § 1 Abs. 2 WEG, dass »Wohnungseigentum das Sondereigentum an einer Wohnung in Verbindung mit dem Miteigentumsanteil an dem **gemeinschaftlichen Eigentum**, zu dem es gehört«, ist. **Gemeinschaftliches Eigentum** sind das Grundstück und das Gebäude, soweit es nicht im Sondereigentum steht (§ 1 Abs. 5 WEG).

Der dahinterstehende Gedanke ist folgender: Das Bürgerliche Gesetzbuch (BGB) sieht vor, dass ein Gebäude zwingend als Bestandteil zu dem Grundstück gehört, auf dem es errichtet ist:

> **§ 94 Wesentliche Bestandteile eines Grundstücks oder Gebäudes**
> (1) Zu den wesentlichen Bestandteilen eines Grundstücks gehören die mit dem Grund und Boden fest verbundenen Sachen, insbesondere Gebäude, sowie die Erzeugnisse des Grundstücks, solange sie mit dem Boden zusammenhängen.

Um vielen Menschen die Möglichkeit zu geben, Eigentum zu erwerben, auch wenn der Geldbeutel für das Häuschen am Stadtrand zu knapp bemessen ist, wurde in der Nachkriegszeit der Gedanke des Wohnungseigentums entwickelt. Damit wurden die Voraussetzungen dafür geschaffen, mehreren Personen den Erwerb an ein und derselben Immobilie zu ermöglichen. Dieses Konstrukt besteht übrigens erst seit 1951.

Ginge es nach den oben aufgeführten Grundregeln des BGB, hätte immer der Eigentümer des Grund und Bodens automatisch das Eigentum an allem, was sich auf diesem Grund und Boden befindet. So könnten niemals mehrere Personen Eigentum an einer Wohnung oder einem Gebäude haben, keiner von ihnen könnte eine bestimmte Wohnung für sich beanspruchen und allein nutzen oder auch nur über bestimmte Räume allein verfügen. Vielmehr wäre es nach dem Wortlaut des BGB nur möglich, dass mehrere Personen Eigentum an Grund und Boden und damit an allen Wohnungen gemeinschaftlich nach Bruchteilen haben. Geregelt ist dies in den §§ 1008 bis 1011 BGB.

! Beispiel

Auf einem Grundstück steht ein Haus mit vier gleichen Wohnungen. Das Haus steht im Eigentum von A, B, C und D. Nach den Grundsätzen des BGB gehörte dann jedem ein Viertel jeder einzelnen Wohnung.

Das Wohnungseigentumsgesetz aber verbindet gemeinschaftliches Eigentum an Grundstück und Gebäude (Miteigentum §§ 1008 ff. BGB; §§ 741 ff. BGB) mit dem Alleineigentum (§ 903 BGB) an bestimmten Räumen. Man könnte dies so in eine »Formel« fassen:

Wohnungseigentum = Sondereigentum an einer Wohnung + Miteigentumsanteil an gemeinschaftlich genutzten Gebäudeteilen

§ 5 WEG definiert in Abs. 1 die Gegenstände des Sondereigentums und bestimmt dann in Abs. 2:

> Teile des Gebäudes, die für dessen Bestand oder Sicherheit erforderlich sind, sowie Anlagen und Einrichtungen, die dem gemeinschaftlichen Gebrauch dienen, sind nicht Gegenstände des Sondereigentums, selbst wenn sie sich im Bereich der im Sondereigentum stehenden Räume oder Teile des Grundstücks befinden.

Das WEG definiert somit das Gemeinschaftseigentum als Nicht-Sondereigentum und – um die Verwirrung im Rahmen des neuen WEG-Rechts perfekt zu machen – enthält in Abs. 3:

> Die Wohnungseigentümer könnten vereinbaren, dass Bestandteile des Gebäudes, die Gegenstand des Sondereigentums sein können, zum gemeinschaftlichen Eigentum gehören.

Merke   !

Durch Beschluss kann Sondereigentum als Gemeinschaftseigentum deklariert werden, nicht aber umgekehrt.

Eine solche Vereinbarung muss zwingend in der Teilungserklärung stehen. Die **Teilungserklärung** ist im deutschen Wohnungseigentumsrecht die Erklärung des Grundstückseigentümers gegenüber dem Grundbuchamt, dass das Eigentum am Grundstück in Miteigentumsanteile aufgeteilt wird.

Merke   !

In die WEG-Buchhaltung gehören nur Ausgaben, die für das Gemeinschaftseigentum anfallen.

Grundsätzlich gehören zum Gemeinschaftseigentum die gemeinschaftlich genutzten Gebäudebestandteile wie Dach, Fassade, Fenster, Eingangstür und Heizung bzw. Wasserleitungen. Abweichungen können vereinbart werden, müssen aber in der Teilungserklärung festgehalten werden. Hier lauern die größten Fallen für den Buchhaltungsneuling im WEG-Recht.

Typische Abgrenzungsprobleme gibt es bei folgenden Gebäudebestandteilen:
- Thermostatventile dürfen dem Sondereigentum zugeordnet werden, wenn dies in der Teilungserklärung vermerkt ist (BGH, Urteil vom 8.7.2011, V ZR 176/10).
- Fenster hingegen gehören immer zum Gemeinschaftseigentum. Ein gegensätzlicher Beschluss ist nichtig (BGH, Urteil vom 2.3.2012, V ZR 174/11).
- Der Balkon ist grundsätzlich Gemeinschaftseigentum, nicht zum Gemeinschaftseigentum gehören aber der Bodenbelag und der Anstrich (BGH, Urteil vom 16.11.2012, V ZR 9/12).
- Türsprech- und Klingelanlagen in den Wohnungen sind grundsätzlich dem Sondereigentum zuzuordnen. Die zentrale Klingelanlage gehört allerdings zum Gemeinschaftseigentum. Die Klingelanlage ist – wie auch z. B. der Briefkasten – eine Einrichtung des gemeinschaftlichen Gebrauchs. Ist aber die Klingelanlage in der Wohnung unabdingbar für den Gebrauch der Hausklingelanlage, ist sie dem Gemeinschaftseigentum zuzuordnen. Hierzu gibt es keine höchstrichterliche Rechtsprechung.

Dazu ein Beispiel:

! Beispiel

Ein Eigentümer ruft in der Hausverwaltung an und sagt: »Meine Heizung funktioniert nicht.« Der gewissenhafte Verwalter ordert sofort den Sanitärfachmann, der die Heizung umgehend repariert. Dann flattert die Rechnung ins Verwalterbüro. Hier steht, ein Thermostatventil wurde erneuert. Der umsichtige Verwalter hat gelernt, dass Heizungen zum Gemeinschaftseigentum gehören. Aber hier muss er noch zusätzlich die Teilungserklärung zurate ziehen:

Dort steht, dass in dieser WEG Heizkörper und Leitungen zur zentralen Heizungsanlage und die Ventile dem Sondereigentum zuzurechnen sind. Hier muss der kluge Verwalter zusätzlich wissen, dass der BGH entschieden hat, dass eine solche Abgrenzung zum Sondereigentum tatsächlich zulässig ist.

Somit hat die Ausgabe nichts in der Buchhaltung der Gemeinschaft verloren. Die Kosten hierfür müssen also auf den einzelnen Eigentümer umgelegt werden.

Tipp !

Treten Mängel im Eigentum auf, bei denen nicht von vornherein erkennbar ist, ob sie im Sondereigentum oder im Gemeinschaftseigentum angefallen sind, definieren Sie dem Handwerker genau, welche Leistungen er der Wohnungseigentümergemeinschaft fakturieren darf und welche Leistungen er an den Sondereigentümer erbringen darf und in Rechnung zu stellen hat.

Im Übungsteil in Kapitel 3 wird auf weitere typische Abgrenzungsbeispiele eingegangen.

Kosten, die in der Eigentümergemeinschaft angefallen und von ihr bezahlt wurden, bei denen sich aber im Nachhinein herausstellt, dass sie das Sondereigentum betreffen, sind in der Gesamtrechnung als Ausgaben der Gemeinschaft zu deklarieren, in der Einzelabrechnung aber dem einzelnen Miteigentümer zuzuordnen.

Umlegbare und nicht umlegbare Kosten – können die Kosten an den Mieter weitergegeben werden?

Sind nun die Rechnungen, die der WEG gestellt wurden, für Kosten im Gemeinschaftseigentum zweifelsfrei definiert, muss die nächste Prüfung erfolgen.

Eine weitere Systematik der Unterscheidung der Kosten einer WEG sind die

- **umlegbare**n und die
- **nicht umlegbaren** Kosten.

Vermietet nämlich der Sondereigentümer sein Eigentum, statt es selbst zu nutzen, gibt es Kosten, die er auf den Mieter umlegen kann, und solche, die er nicht umlegen kann. Grundsätzlich sind alle umlegbaren Kosten in der **Betriebskostenverordnung (BetrKV)** definiert.

Merke !

In der WEG-Duchführung buchen wir alle Kosten, die in der BetrKV erfasst sind, in die umlegbaren Kosten. Das heißt aber nicht, dass sie per se umlagefähig wären und der Eigentümer, der seine Einheit vermietet hat, sie automatisch eins zu eins seinem Mieter weiterreichen könnte. Ob die Kosten dann tatsächlich dem Mieter weiterberechnet werden können, ergibt sich aus den **Regelungen des Mietvertrags**. Auch kommt dem Aspekt der **Wirtschaftlichkeit** erhöhte Bedeutung zu.

2.4.2 Umlegbare Kosten

Nur die sogenannten Betriebskosten sind auf den Mieter umlegbar. Diese Betriebskosten sind in § 556 Abs. 1 BGB gesetzlich definiert. Hier ist geregelt:

> Betriebskosten sind die Kosten, die dem Eigentümer oder Erbbauberechtigten durch das Eigentum oder das Erbbaurecht am Grundstück oder durch den bestimmungsmäßigen Gebrauch des Gebäudes, der Nebengebäude, Anlagen, Einrichtungen und des Grundstücks laufend entstehen. Für die Aufstellung der Betriebskosten gilt die Betriebskostenverordnung vom 25. November 2003 (BGBl. I S. 2346, 2347) fort. Die Bundesregierung wird ermächtigt, durch Rechtsverordnung ohne Zustimmung des Bundesrates Vorschriften über die Aufstellung der Betriebskosten zu erlassen.

Die Betriebskosten sind außerdem in § 1 Abs. 1 BetrKV definiert:

> (1) Betriebskosten sind die Kosten, die dem Eigentümer oder Erbbauberechtigten durch das Eigentum oder Erbbaurecht am Grundstück oder durch den bestimmungsmäßigen Gebrauch des Gebäudes, der Nebengebäude, Anlagen, Einrichtungen und des Grundstücks laufend entstehen. Sach- und Arbeitsleistungen des Eigentümers oder Erbbauberechtigten dürfen mit dem Betrag angesetzt werden, der für eine gleichwertige Leistung eines Dritten, insbesondere eines Unternehmers, angesetzt werden könnte; die Umsatzsteuer des Dritten darf nicht angesetzt werden.
> (2) Zu den Betriebskosten gehören nicht:
> 1. die Kosten der zur Verwaltung des Gebäudes erforderlichen Arbeitskräfte und Einrichtungen, die Kosten der Aufsicht, der Wert der vom Vermieter persönlich geleisteten Verwaltungsarbeit, die Kosten für die gesetzlichen oder freiwilligen Prüfungen des Jahresabschlusses und die Kosten für die Geschäftsführung (Verwaltungskosten),
> 2. die Kosten, die während der Nutzungsdauer zur Erhaltung des bestimmungsmäßigen Gebrauchs aufgewendet werden müssen, um die durch Abnutzung, Alterung und Witterungseinwirkung entstehenden baulichen oder sonstigen Mängel ordnungsgemäß zu beseitigen (Instandhaltungs- und Instandsetzungskosten.

Umlegbare Kosten/Betriebskosten sind also:
- Kosten, die dem Wohnungseigentümer zugeordnet sind
- Kosten, die durch den bestimmungsgemäßen Gebrauch des Objekts entstanden sind
- Kosten, die tatsächlich entstanden sind
- Kosten, die laufend entstehen

Dabei unterscheidet man »kalte« und »warme« Kosten.

2.4.2.1 Kosten der Wasserversorgung

Grundsätzlich sind die Kosten der Wasserversorgung (Frisch- und Abwasserkosten) nach dem für die WEG vereinbarten Umlageschlüssel zu verteilen.

Auch das für die WEG-Buchhaltung geltende Zufluss-Abfluss-Prinzip ist für die Weiterberechnung an den Mieter zulässig, aber unüblich, weil es zu Ungerechtigkeiten durch Verbrauchsschwankungen kommen kann. Es ist also sinnvoll, dass hier in der WEG nach dem tatsächlichen Verbrauch abgerechnet wird. Dies setzt aber voraus, dass an allen Verbrauchsstellen entsprechende Zähler vorhanden sind. Die Kosten sind dann dem jeweiligen Abrechnungszeitraum zuzuordnen; rechnet der Versorger unterjährig ab, sind Abgrenzungen vorzunehmen.

Sie buchen also alle Vorauszahlungen in der Gesamtrechnung und grenzen die Schlusszahlungen ab. Konkret bedeutet dies, dass alle Abschläge gebucht werden:
- Kaltwasser Soll
- an Bank Haben

Die Schlusszahlung des Vorjahres sowie die Nachzahlung im Folgejahr werden auf Abgrenzungsposten gebucht (s. auch Hinweis RAP im Kapitel 1.9).

Denkbar ist auch eine Abgrenzung über Verbindlichkeiten.

> **Hinweis** !
>
> Je nach Zahlungsart sind die Zahlbeträge in der Vermögensbericht als Forderung (bei einem Guthaben beim Wasserversorger) oder als Verbindlichkeit (wenn die WEG eine Nachzahlung im Folgejahr leisten muss) im Vermögensbericht auszuweisen.

Des Weiteren gehören zu den Kosten der Wasserversorgung

- die Grundgebühren,
- die Kosten der Anmietung oder anderer Arten der Gebrauchsüberlassung (Mietleasing) von Wasserzählern sowie die Kosten ihrer Verwendung (z. B. Wartung) einschließlich der Kosten der Eichung sowie der Kosten der Berechnung und Aufteilung,
- die Kosten der Wartung von Wärmemengenreglern,
- die Kosten des Betriebs einer hauseigenen Wasserversorgungsanlage und einer Wasseraufbereitungsanlage.
- die Stoffe, die der Wasseraufbereitungsanlage dienen (Filter usw.)
- die Entwässerungskosten,
- die Sielkosten oder auch die Kosten für die Sandfangreinigung,
- die Kosten für die Schmutzwasserbeseitigung (wird nach der Menge des bezogenen Wassers berechnet) und
- die Kosten für das Niederschlagswasser (versiegelte Fläche).

! **Hinweis für gewerbliche WEGs**

Wasser hat den verminderten Steuersatz von 7 %, Abwasser 0 %.

Es gibt Objekte, die nicht an das öffentliche Netz angeschlossen sind; in diesem Fall gehören auch die Kosten für die Abwasserbeseitigung (Sickergrube) oder für den Betrieb einer eigenen Kläranlage zu den umlagefähigen Kosten.

Zu den Entwässerungskosten gehört überdies der Betrieb einer Entwässerungspumpe, die das Abwasser auf ein höheres erforderliches Niveau pumpt – also konkret die hierfür erforderlichen Strom- und Wartungskosten.

2.4.2.2 Heizkosten und Warmwasserkosten

Die Heizkosten sowie die Warmwasserkosten müssen zwingend nach den Vorschriften der **Heizkostenverordnung** abgerechnet werden. Hier ist die Abrechnung nach anderen Umlageschlüsseln unzulässig.

Die Heizkostenverordnung gilt für den Gebäudeeigentümer; die Heizkostenverordnung bestimmt, dass die Wohnungseigentümergemeinschaft dem Gebäudeeigentümer gleichgestellt ist. Die Heizkostenverordnung trat als Folge der Energiekrise in den 1970er-Jahren am 01.03.1981 in Kraft. Ihr Ziel ist die Energieeinsparung. Zuvor war es üblich, auf die Miete pauschale Nebenkosten zu erheben, die Abgeltungswirkung besaßen.

Durch eine verbrauchsgerechte Abrechnung spüren die Verbraucher Einsparungen direkt im eigenen Geldbeutel. Allerdings werden nicht alle Kosten verbrauchsgerecht erfasst. In der Praxis üblich ist die 70/30-Regel, d. h. nur 70 % der Kosten werden verbrauchsabhängig erfasst. Eine abweichende Vereinbarung würde zu einer ungerechten Verteilung führen.

Inzwischen geht der Gesetzgeber noch weiter: Jeder Mieter hat Anspruch auf die monatliche Mitteilung der Ablesewerte (z. B. durch den Wohnungseigentümer). Dies gilt aber nur bei Gebäuden, die durch Funk abgelesen werden. Neubauten sind zwingend mit funkablesbaren Geräten auszustatten, bei Bestandsbauten gibt es hier noch eine Übergangsfrist; hier müssen funkablesbare Geräte bis Ende 2026 nachgerüstet werden. Eine Ausnahme gilt, wenn dies technisch nicht möglich ist.

Die §§ 2 und 3 HeizkostenV bestimmen, dass diese Vorrang vor jeder anderen Bestimmung hat. Beschließt eine Eigentümergemeinschaft Gegenteiliges, ist dieser Beschluss nichtig.

Auch die Bestimmung des § 16 Abs. 2 WEG, wonach die Wohnungseigentümer für einzelne Kosten oder bestimmte Arten von Kosten abweichende Vereinbarungen treffen können, kann hier nicht herangezogen werden.

Auch der Mieter einer Eigentumswohnung hat gegenüber seinem Vermieter einen Anspruch darauf, dass verbrauchsabhängig abgerechnet wird.

Allerdings gibt es Ausnahmen von der Heizkostenverordnung, die dort in § 11 geregelt sind:

> § 11 Ausnahmen
> (1) Soweit sich die §§ 3 bis 7 auf die Versorgung mit Wärme beziehen, sind sie nicht anzuwenden
> 1. auf Räume,
>   a. in Gebäuden, die einen Heizwärmebedarf von weniger als 15 kWh/ $(m^2 \cdot a)$ aufweisen,

     b. bei denen das Anbringen der Ausstattung zur Verbrauchserfassung, die Erfassung des Wärmeverbrauchs oder die Verteilung der Kosten des Wärmeverbrauchs nicht oder nur mit unverhältnismäßig hohen Kosten möglich ist; unverhältnismäßig hohe Kosten liegen vor, wenn diese nicht durch die Einsparungen, die in der Regel innerhalb von zehn Jahren erzielt werden können, erwirtschaftet werden können; oder

     c. die vor dem 1. Juli 1981 bezugsfertig geworden sind und in denen der Nutzer den Wärmeverbrauch nicht beeinflussen kann;

     d. auf Alters- und Pflegeheime, Studenten- und Lehrlingsheime,

     e. auf vergleichbare Gebäude oder Gebäudeteile, deren Nutzung Personengruppen vorbehalten ist, mit denen wegen ihrer besonderen persönlichen Verhältnisse regelmäßig keine üblichen Mietverträge abgeschlossen werden;

2. auf Räume in Gebäuden, die überwiegend versorgt werden

     a. mit Wärme aus Anlagen zur Rückgewinnung von Wärme oder aus Wärmepumpen- oder Solaranlagen oder

     b. mit Wärme aus Anlagen der Kraft-Wärme-Kopplung oder aus Anlagen zur Verwertung von Abwärme, sofern der Wärmeverbrauch des Gebäudes nicht erfasst wird;

3. auf die Kosten des Betriebs der zugehörigen Hausanlagen, soweit diese Kosten in den Fällen des § 1 Absatz 3 nicht in den Kosten der Wärmelieferung enthalten sind, sondern vom Gebäudeeigentümer gesondert abgerechnet werden;

4. in sonstigen Einzelfällen, in denen die nach Landesrecht zuständige Stelle wegen besonderer Umstände von den Anforderungen dieser Verordnung befreit hat, um einen unangemessenen Aufwand oder sonstige unbillige Härten zu vermeiden.

Darunter fallen also die sogenannten Passivhäuser oder Häuser, bei der die Ausstattung zur Verbrauchserfassung nur mit unverhältnismäßig hohen Kosten verbunden wären.

Die unverhältnismäßig hohen Kosten ermitteln Sie wie folgt:
1. Heizkostenersparnis von 15 % für die Dauer von zehn Jahren: Heizkostenabrechnung × 15 % × 10
2. Kosten für die Installation der Erfassungsgeräte

Zuzüglich: Kosten für Nacheichung, Wartung und Erstellung der Abrechnung für die Dauer von zehn Jahren.

Ist der zweite Wert höher als der erste, sind die Kosten für die Ausstattung mit Verbrauchserfassungsgeräten unverhältnismäßig. Hierbei sind aber steigende Energiekosten mit zu berücksichtigen.

Zu den umlagefähigen Heizkosten gehören außerdem die Kosten des Betriebs der zentralen Heizungsanlage und der Abgasanlage sowie die Kosten der verbrauchten Brennstoffe und ihrer Lieferung. Alles Wichtige dazu finden Sie in den folgenden Abschnitten.

2.4.2.2.1   Kosten des Betriebs der zentralen Heizungsanlage einschließlich der Abgasanlage

Eine Definition der Kosten des Betriebs der zentralen Heizungsanlage einschließlich der Abgasanlage findet sich in § 2 Nr. 4 BetrKV:

1. die Kosten
    a. des Betriebs der zentralen Heizungsanlage einschließlich der Abgasanlage, hierzu gehören die Kosten der verbrauchten Brennstoffe und ihrer Lieferung, die Kosten des Betriebsstroms, die Kosten der Bedienung, Überwachung und Pflege der Anlage, der regelmäßigen Prüfung ihrer Betriebsbereitschaft und Betriebssicherheit einschließlich der Einstellung durch eine Fachkraft, der Reinigung der Anlage und des Betriebsraums, die Kosten der Messungen nach dem Bundes-Immissionsschutzgesetz, die Kosten der Anmietung oder anderer Arten der Gebrauchsüberlassung einer Ausstattung zur Verbrauchserfassung sowie die Kosten der Verwendung einer Ausstattung zur Verbrauchserfassung einschließlich der Kosten der Eichung sowie der Kosten der Berechnung und Aufteilung.

In der Heizkostenverordnung ist dies in § 7 Abs. 2 fast analog geregelt:

(2) Zu den Kosten des Betriebs der zentralen Heizungsanlage einschließlich der Abgasanlage gehören die Kosten der verbrauchten Brennstoffe und ihrer Lieferung, die Kosten des Betriebsstromes, die Kosten der Bedienung, Über-

wachung und Pflege der Anlage, der regelmäßigen Prüfung ihrer Betriebsbereitschaft und Betriebssicherheit einschließlich der Einstellung durch eine
Fachkraft, der Reinigung der Anlage und des Betriebsraumes, die Kosten der
Messungen nach dem Bundes-Immissionsschutzgesetz, die Kosten der Anmietung oder anderer Arten der Gebrauchsüberlassung einer Ausstattung
zur Verbrauchserfassung sowie die Kosten der Verwendung einer Ausstattung zur Verbrauchserfassung einschließlich der Kosten der Eichung sowie
der Kosten der Berechnung, Aufteilung und Abrechnungs- und Verbrauchs-
informationen gemäß § 6a.

Hier zeigt sich eine **Durchbrechung des reinen Zufluss-Abfluss-Prinzips**. Die Heizkosten sind **verursachungsgerecht** abzurechnen. Dies gilt sowohl für den Wohnungseigentümer als auch für den Mieter. Hier ist nach **Bilanzierungsgrundsätzen**
zu denken.

Die vorherigen Ausführungen über die verschiedenen Gewinnermittlungsarten haben diesen Unterschied deutlich gemacht. Die WEG-Buchhaltung zeigt sich hier als
Zwitter der Buchführungswelten.

Ganz wichtig ist Folgendes: In der Buchhaltung buchen Sie alle Ausgaben so, wie sie
anfallen. Wird die Liegenschaft mit Gas beheizt, finden sich in der Buchhaltung des
Jahres 2021 die Schlussrechnung aus 2020, die erst im Jahre 2021 beglichen wurde,
sowie die laufenden Abschläge. In der Einzelabrechnung ist aber nach **Verbrauch**
und somit nach **Bilanzierungsgrundsätzen** vorzugehen. Hier sind also zwingend **Abgrenzungsbuchungen** vorzunehmen.

Alle der Heizkostenverordnung entgegenstehenden Vereinbarungen, die durch die
Eigentümergemeinschaft beschlossen werden, sind **nichtig**: Hier kann zu keiner Zeit
vertraglich geregelt werden, dass – wie es früher durchaus üblich war – z. B. mit einer
Bruttomiete alle Heizkosten abgegolten wären. Ein etwaiger Beschluss der Eigentümer oder eine vertragliche Vereinbarung mit dem Mieter, die HeizkostenV an sich
nicht anzuwenden, ist ebenso nichtig. Allerdings gilt auch hier wie überall: wo kein
Kläger, da kein Richter. Praktisch wird sich also der Betroffene wehren müssen, wenn
die Eigentümergemeinschaft die Heizkostenverordnung missachtet.

§ 3 HeizkostenV regelt die Anwendung auf die Wohnungseigentümergemeinschaft:

§ 3 Anwendung auf das Wohnungseigentum

Die Vorschriften dieser Verordnung sind auf Wohnungseigentum anzuwenden unabhängig davon, ob durch Vereinbarung oder Beschluss der Wohnungseigentümer abweichende Bestimmungen über die Verteilung der Kosten der Versorgung mit Wärme und Warmwasser getroffen worden sind. Auf die Anbringung und Auswahl der Ausstattung nach den §§ 4 und 5 sowie auf die Verteilung der Kosten und die sonstigen Entscheidungen des Gebäudeeigentümers nach den §§ 6 bis 9b und 11 sind die Regelungen entsprechend anzuwenden, die für die Verwaltung des gemeinschaftlichen Eigentums im Wohnungseigentumsgesetz enthalten oder durch Vereinbarung der Wohnungseigentümer getroffen worden sind. Die Kosten für die Anbringung der Ausstattung sind entsprechend den dort vorgesehenen Regelungen über die Tragung der Verwaltungskosten zu verteilen.

Jeder Wohnungseigentümer hat Anspruch auf verbrauchsabhängige Erfassung; dieser Anspruch umfasst auch die Verbrauchsgeräte; dies wiederum ist in § 4 der Heizkostenverordnung geregelt. Es ist nicht gestattet, einzelne Räume oder einzelne Heizkörper von der Ausstattungspflicht auszunehmen. Auf die Ausstattung darf auch nicht verzichtet werden, wenn beispielsweise Einbauschränke den Zugang unmöglich machen. Der Nutzer kann dann verpflichtet werden, den Zugang zu gewähren.

Erfassungsgeräte – Begriffsdefinitionen

Die Entscheidung über die Art der Erfassungsgeräte obliegt der Gemeinschaft, sie kann auch entscheiden, ob diese gekauft oder gemietet werden.

Es gibt verschiedene Erfassungssysteme. Wir unterscheiden:
- Wärmemengenzähler
- Wasserzähler
- Heizkostenverteiler

Wärme ist, physikalisch gesehen, eine Menge von Energie, die von einem Körper auf einen anderen übergeht. Die Energie strömt dabei immer vom höheren Niveau – der Heizung – in Richtung niedrigeres Niveau – die zu erwärmenden Räume.

Wärmemengenzähler messen den Volumenstrom des Heizungswassers (Strom, d. h. Fließbewegung in Abhängigkeit von der Zeit) und die Vorlauf- und Rücklauftemperatur an der Heizung. Ein Wärmemengenzähler misst also den Energietransport in einer gewissen Zeit.

In der Regel wird nur ein Wärmemengenzähler pro Wohnung angebracht. Die Zähler unterliegen der Eichpflicht, und zwar alle fünf Jahre, und sind immer da einzusetzen, wo möglichst genau gemessen werden soll, also z. B. beim Bezug von Fernwärme.

Die noch allgemein gebräuchlichen **Heizkostenverteiler** sind an den Heizkörpern angebracht und zeigen hier nur »Striche« an, sind also keine Messgeräte im eigentlichen Sinn, da sie viel zu ungenau sind. Sie werden deshalb auch nur als »Erfassungsgeräte« bezeichnet. Davon gibt es wiederum zwei Arten: elektronische oder Verdunstungsgeräte. Heizkostenverteiler spiegeln lediglich die Temperaturdifferenzen zwischen Heizung und Raum wider. Um einen Verbrauch abzuleiten, sind Kenntnisse über weitere Einflussgrößen wie z. B. die Größe der Heizkörper notwendig.

Wasserzähler messen das Volumen der Wassermenge; auch sie müssen geeicht werden. Die Eichfrist beträgt sechs Jahre. Warmwasserzähler sind Pflicht, da nach § 4 der Heizkostenverordnung das Warmwasser verbrauchsabhängig abgerechnet werden muss. Wasserzähler werden vom Energieversorgungsunternehmen eingebaut.

Weitere Begriffsdefinitionen nach der HeizkostenV

- Der **Gebäudeeigentümer** ist derjenige, der die Pflichten zu erfüllen hat, die sich aus der Heizkostenverordnung ergeben, z. B. auch die Wohnungseigentümergemeinschaft.
- Ein **Nutzer** ist derjenige, der die Räume einer Nutzereinheit aufgrund rechtsgeschäftlicher Bestimmungen bewohnt oder anderweitig nutzt (z. B. Mieter, Eigentümer). Auch eine juristische Person kann Nutzer sein.
- Eine **Liegenschaft** kann aus einem Gebäude oder aus mehreren Gebäuden bestehen, die durch dieselbe Heizungs- oder Warmwasseranlage versorgt werden.
- Eine **Nutzergruppe** sind mehrere Nutzereinheiten mit gleicher Charakteristik, wenn innerhalb der Liegenschaft eine Vorverteilung der Gesamtkosten vorgenommen wird (z. B. Wohn- und Gewerbeeinheiten).

- **Erfassungsgerät** ist der Oberbegriff für Messgeräte oder andere nicht eichpflichtige Systeme wie Heiz- und Warmwasserkostenverteiler (Ausstattung zur Verbrauchserfassung).
- Ein **Messgerät** ist ein eichpflichtiges Erfassungssystem, das unmittelbar den Verbrauch in physikalischen Einheiten erfasst (Wärme- und Warmwasserzähler).[1]

2.4.2.2.2   Kosten der verbrauchten Brennstoffe und ihrer Lieferung

Merke   !

Es sind explizit die **verbrauchten**, nicht etwa die eingekauften Brennstoffe, die hier zu buchen sind. Dies ist vor allem für die Abrechnung von Öl- und Pelletheizungen von Relevanz. Hier ist am Jahresende immer der Bestand zu ermitteln.

Bei den Kosten für die (verbrauchten) Brennstoffe unterscheiden wir Gas, Öl, Holz, Pellets, Flüssiggas und Kohle. Auf Holz und Kohle wird im Folgenden nicht mehr eingegangen; sollte eine Liegenschaft noch hiermit geheizt werden, gelten die gleichen Ausführungen wie bei den Pellets.

Wird die Liegenschaft mit **Gas** beheizt, ist die Abrechnung recht einfach. Der Energieversorger bucht die laufenden Abschläge und schickt am Jahresende die Endabrechnung. Diese weist den exakten Verbrauch an kWh aus, und zwar für die gesamte Liegenschaft. Diese Gesamtabrechnung ist dann auf den einzelnen Bewohner **nach Verbrauch** (siehe auch das nachfolgende Kapitel 2.6 »Umlageschlüssel«) umzurechnen.

Die Wohnungseigentümergemeinschaft delegiert regelmäßig die Abrechnung an einen Wärmedienstleister (z. B. ISTA, Minol, Kalo), der dann auch für die korrekte Anbringung von Verbrauchszählern zuständig ist. Eine Schätzung des Gasverbrauchs ist unzulässig. Mit der Heizkostenabrechnung muss immer so lange gewartet werden, bis die Rechnung des Gaslieferanten vorliegt.

In der Praxis gibt es auch häufig – besonders in älteren Objekten – eine Direktlieferung von Gas. In diesem Fall finden sich in jeder Wohnung Gasthermen und der Wär-

---

1   Vgl. auch Wall, Betriebs- und Heizkostenkommentar, Rn. 5021–5026.

melieferant liefert direkt an jeden einzelnen Nutzer. Jeder Nutzer hat dann seinen eigenen Zähler und erhält die Rechnung direkt vom Versorger. In diesem Falle trifft die WEG keine Abrechnungslast mehr.

Ist eine Öl- oder Pelletheizung in Betrieb, wird die Sache schwieriger. Es wird wohl in der Praxis nie vorkommen, dass der Tank oder das Pelletlager am Jahresanfang gefüllt wird und dann am Jahresende leer ist. Vielmehr werden die Rohstoffe zu unterschiedlichen Zeitpunkten eingekauft. Dieser Einkauf stellt Kosten dar. Sind am Jahresende noch Rohstoffe auf Lager, ist der Aufwand zu hoch ausgewiesen.

! **Beispiel**

Datum	Einkauf/t	Preis pro t	Gesamt
01.02.	12	250,00 €	3.000,00 €
03.08.	10	240,00 €	2.400,00 €
07.12.	11	245,00 €	2.695,00 €
	33		8.095,00 €

Hier wurde also jeweils gebucht – insgesamt 8.095 Euro:
- Heizung Soll
- an Bank Haben

Da erst im Dezember aufgefüllt wurde, ist davon auszugehen, dass das Lager am 31.12. nicht leer ist – das meiste dürfte noch vorhanden sein. Angenommen, die Anzeige weist zehn Tonnen Restbestand auf, dann liegt der Verbrauch nicht bei 33, sondern nur bei 23 Tonnen. Hier muss also eine Korrekturbuchung veranlasst werden. Dies geschieht über die Buchung der sogenannten **Bestandsveränderungen**.

Fraglich ist, wie diese Bestandsveränderungen zu bewerten sind. Wir benötigen ja in der Buchführung immer die Angabe von Eurowerten. Hier gibt es zwei Methoden:

1. Methode des gewogenen Durchschnitts
Im Jahr wurden insgesamt 33 Tonnen zum Preis von 8.095 Euro gekauft; also zum Durchschnittspreis von (8095 : 33) 245,31 Euro pro Tonne. Somit wären die Bestandsveränderungen mit 10 t × 245,31 €/t = 2.453,10 € zu bewerten.

Der Buchungssatz lautet:
- Bestandsveränderungen 2.453,10 Euro Soll
- an Heizung 2.453,10 Euro Haben

Somit weisen die Heizkosten nur den tatsächlichen Verbrauch aus.

2. LIFO-Methode

Eine weitere, in der Praxis vor allem bei Pelletheizungen übliche Bewertungsmethode (der Wärmedienstleister Minol rechnet beispielsweise grundsätzlich danach ab), ist die LIFO-Methode. LIFO bedeutet »last in, first out«. Beim Last-in-first-out-Verfahren wird davon ausgegangen, dass jene Güter, die zuletzt in das Lager eingegangen sind (last in), das Lager zuerst wieder verlassen (first out). Damit gelten bei dieser Verbrauchsfolge die Güter mit der kürzesten Lagerzugehörigkeit, also die jüngsten Güter, als zuerst entnommen. Das bedeutet bei unserem praktischen Beispiel, dass von der letzten Lieferung alle elf Tonnen, von der vorletzten alle zehn Tonnen und von der ersten zwei Tonnen entnommen wurden, dass also im Lager nur noch zehn Tonnen für 250 € lagern, somit wären die Bestandsveränderungen mit 10 t × 250 €/t zu bewerten.

Bei Ölheizungen wird eher die Methode des gewogenen Durchschnitts angewendet, weil hier von einer Vermischung auszugehen ist.

Achtung	!
Auch die Anfahrtskosten zur Lieferung der Rohstoffe zählen zu den Heizkosten.	

Hinweis	!
Es gibt Überlegungen, ob der Restbestand an Brennstoffvorrat, der ja tatsächlich bezahlt worden ist, eventuell auf die Eigentümer zu verteilen wäre, um sie im nächsten Jahr wieder ertragsmäßig zu berücksichtigen. Hierzu gibt es allerdings noch keine gesicherte Rechtsprechung.	

Auf jeden Fall ist der Vorrat im **Vermögensbericht** auszuweisen.

Achtung	!
Die Kosten zur Ermittlung des Bestands gehören zu den **nicht umlagefähigen** Kosten.	

Eine WEG ist beim Bezug der Heizenergie frei; fungiert der Eigentümer aber als Vermieter, hat er auf den wirtschaftlichen Bezug zu achten. Er darf beispielsweise keine kleinen Mengen einkaufen und ist auch verpflichtet, möglichst preisgünstig einzukaufen (d.h. nach Möglichkeit saisonale Unterschiede im Auge zu behalten). Die zuverlässige Lieferung durch einen bewährten Lieferanten rechtfertigt aber Abweichungen von diesem Grundsatz.

Noch komplizierter ist die Abrechnung eines Blockheizkraftwerks, kurz BHKW (auch Kraft-Wärme-Kopplungsanlage/KWK-Anlage). Ein BHKW ist eine Heizung, die auch Strom erzeugt, oder genauer gesagt: Die Abwärme, die bei der Gewinnung von elektrischem Strom erzeugt wird, wird zu Heizzwecken verwendet.

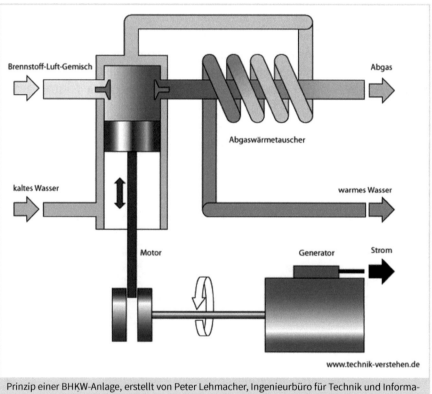

Prinzip einer BHKW-Anlage, erstellt von Peter Lehmacher, Ingenieurbüro für Technik und Information. Quelle: https://commons.wikimedia.org/wiki/File:Bhkw_schema.png?uselang=de

Hier müssen die angefallenen Kosten aufgeteilt werden in solche, die der Stromerzeugung, und in solche, die der Wärmegewinnung dienen. Dazu gibt es die VDI-

Richtlinie 2077 Blatt 3.1 zur »Ermittlung der umlagefähigen Wärmeerzeugungskosten von KWK-Anlagen« (im Buchhandel erhältlich).

Vereinfacht erklärt funktioniert die Abrechnung folgendermaßen: Das BHKW wird mit Gas betrieben. Die Gaskosten sind der Jahresabrechnung zu entnehmen und um den Anteil zu kürzen, der auf die Stromerzeugung entfällt. Mithilfe von Zählern kann dieser Anteil exakt ermittelt werden. In der Heizkostenabrechnung wird also nicht der gesamte Gasbezug berücksichtigt, sondern ausschließlich der Anteil, der der Wärmeerzeugung dient. Umgekehrt ist der Anteil, der der Stromerzeugung dient, den Stromkosten zuzurechnen.

Der Buchungssatz lautet also:
* Strom Soll
* an Heizkosten (Gas) Haben

Der erzeugte Strom eines BHKW wird in der Regel in der Liegenschaft verbraucht, der überschüssige Anteil in das öffentliche Netz eingespeist. Die Einspeisevergütung gehört dann zu den Einnahmen der Gemeinschaft.

Bei den Wartungskosten eines BHKW ist Vorsicht walten zu lassen: Der Anteil, der auf die Stromnutzung entfällt, darf nicht den Heizkosten zugerechnet werden. Vielmehr gehört dieser als »BHKW-Kosten« zu den **nicht umlegbaren** Kosten.

Das ist konsequent. Die Gemeinschaft erzeugt mittels BHKW Strom, den sie dadurch »vermarktet«, dass sie ihn entweder an die Bewohner weitergibt, die dafür zahlen müssen, oder komplett verkauft (Einspeisung) oder teils weitergibt und teils verkauft. Damit in Zusammenhang stehende Ausgaben auf einen Mieter umzulegen wäre sicher nicht sachgerecht.

Der nicht umlegbare Teil bestimmt sich nach dem sogenannten Wärmenutzungsgrad, der vom Hersteller des BHKW erfragt werden kann.

Außerdem kann auf Antrag eine Rückerstattung der Energiesteuer beim Hauptzollamt gewährt werden, wenn der Nutzungsgrad mehr als 70 % beträgt. Die im Gaspreis enthaltene Energiesteuer wird dann auf Antrag erstattet. Diese Energiesteuererstattung ist an die Mieter weiterzugeben.

Das dazu notwendige Formular 1135 finden Sie auf der Internetseite des Zolls unter https://www.zoll.de/DE/Fachthemen/Steuern/Verbrauchsteuern/EnergieSteuer-beguenstigung/Steuerentlastung/KWK-Anlagen/Vollstaendige-Steuerentlastung/Steuerentlastungsvoraussetzungen/steuerentlastungsvoraussetzungen_node.html. Es kann dort online bearbeitet werden.

Die HeizkostenV enthält keine Vorschriften darüber, wie die Betriebskosten für ein BHKW zu ermitteln sind.

Die Heizkosten stellen, wie wir im Vorspann bereits erwähnt haben, eine **Durchbrechung des reinen Zufluss-Abfluss-Prinzips** dar. Dies ist durch die **Heizkostenverordnung** zwingend vorgeschrieben. Zwar werden während des Jahres die laufenden Vorauszahlungen gebucht, die Endabrechnung erfolgt aber im Folgejahr und wird auf die einzelnen Nutzer rückabgerechnet.

> **! Wichtig**
>
> Die Gesamtjahresrechnung der WEG enthält immer die tatsächlichen Beträge für die Heizkosten. In der Einzeljahresrechnung wird hier zwingend davon abgewichen. Und nur die Abrechnungsspitze, die sich aus den Einzelrechnungen ergibt, ist, wie wir bereits wissen, zu beschließen.

Dies geschieht in der laufenden Buchführung dadurch, dass die laufenden Abschläge erfolgswirksam gebucht werden, aber in der Einzelabrechnung der einzelnen Eigentümern periodengerecht nach Bilanzierungsgrundsätzen durch Berücksichtigung der Abgrenzungen (nicht Berücksichtigung der Nachzahlung/Erstattung aus dem Vorjahr und parallel Berücksichtigung der Nachzahlung/Erstattung des laufenden Jahres).

> **! Beispiel**
>
> Die laufenden Gasabschläge einer WEG betragen 10.000 Euro; im Folgejahr ergibt sich eine Nachzahlung in Höhe von 1.000 Euro.
> Während des Jahres buchen wir
> * Heizung Soll 10.000 Euro
> * an Bank Haben 10.000 Euro
> Und in der (Einzel-)Abrechnung
> * Heizung 1.000 Euro
> * an (passives) Abrechnungskonto 1.000 Euro
> * Denkbar wäre auch eine Buchung in der Gesamtabrechnung:
> * Heizung lfd. Jahr 1.000 Euro

- an (ertragswirksames) Abrechnungskonto 1.000 Euro
- Denn bei dieser Buchung »Aufwand an Ertrag« würde sich der Saldo der Zuflüsse und Abflüsse nicht verändern.

Damit ist gewährleistet, dass die Gesamtabrechnung (über die nicht mehr beschlossen wird, deren Aufstellung demnach jedem Verwalter überlassen bleibt) mit dem Zufluss-Abfluss-Prinzip übereinstimmt, die Heizkosten aber periodengerecht erfasst wurden und jetzt genau auf die Nutzer verteilt werden können.

§ 7 der Heizkostenverordnung zeigt auf, wie die Kosten zu verteilen sind: mit mindestens 50 % und höchstens 70 % nach dem erfassten Wärmeverbrauch – der übrige Anteil nach Wohn- und Nutzfläche oder umbautem Raum (auf dieses Thema wird im folgenden Kapitel 2.6 nochmals eingegangen).

2.4.2.2.3 Solaranlage

Eine Solaranlage trägt zur Erwärmung von Wasser oder zur Heizleistung bei. Die eingesparten Heizkosten sind nicht bei der Heizkostenabrechnung zu berücksichtigen.

Kosten für die Anschaffung dürfen nicht mit berücksichtigt werden. Die Kosten für den Betriebsstrom der Anlage und die Wartung gehören aber zu den **umlagefähigen Kosten**. Sie sind zwar nicht explizit in § 2 BetrKV genannt, können aber zu den übrigen Betriebskosten gezählt werden.

Der Buchungssatz lautet:
- Kosten für Wartung Solaranlage Soll
- an Bank Haben

Kosten des Betriebsstroms (auch Heizstrom genannt)
Im Zusammenhang mit dem Betrieb der Heizungsanlage fallen Stromkosten für Brenner, Ölpumpen, Kompressoren, Zeitschaltuhren usw. an. Wenn ein geeichter Zähler zur Erfassung dieses Stromverbrauchs vorhanden ist, ist die Ermittlung denkbar einfach.

Oftmals gibt es hierfür allerdings keinen Zähler. Es ist aber unzulässig, den Strom für die Heizung in den allgemeinen Stromkosten zu belassen. Eine Heizkostenabrechnung, bei der kein Betriebsstrom ausgewiesen ist, kann angefochten werden. Vgl. auch BGH, Urteil vom 3.6.2016, V ZR 166/15.

Ist kein Zähler vorhanden, war bisher nach der folgenden Formel zu schätzen:

Stromverbrauchswert der angeschlossenen Geräte × 24-stündige Laufzeit je Tag × Anzahl der Heiztage × Strompreis je kWh

! **Beispiel**

Die Geräte verbrauchen 0,37 kWh und sind an 200 Tagen im Einsatz bei einem Preis von 0,35 Euro pro kWh:
0,37 kWh × 24 h × 200 Tage × 0,35 €/kWh = 621,60 €

Diese Berechnungsmethode ist aber inzwischen überholt und kann nur noch auf ungeregelte Umwälzpumpen angewendet werden. Diese Pumpen liefen immer mit derselben Leistung im Dauerbetrieb, unabhängig vom Wärmebedarf.

Ein gangbarer Weg ist es auch, nach Erfahrungswerten zu schätzen. Hier wird ein Prozentsatz der Brennstoffkosten zugrunde gelegt, erfahrungsgemäß werden 3 bis 7 % angesetzt (s. a. BGH, Urteil v. 03.06.2016, V ZR 166/15). Der Höchstwert von 5 % der Brennstoffkosten sollte dabei nicht überschritten werden. Wir ermitteln wir folgt:

Kosten des Brennstoffverbrauchs (z. B. Gas) × 5 % = Kosten des Betriebsstroms

Die Gesamtkosten des Allgemeinstromverbrauchs sind dann selbstverständlich um den so ermittelten Betrag zu kürzen.

Der Buchungssatz lautet dann:
- Heizung Soll
- an Allgemeinstrom Haben

! **Merke**

Die Stromkosten für die Heizung sollten den Wert von 1,20 Euro/qm Gebäudewert nicht übersteigen. Ob diese Faustregel bei den derzeit steigenden Energiepreisen Bestand haben wird, bleibt abzuwarten.

Ob sich dieser Wert bei den inzwischen explodierenden Preisen halten wird, bleibt abzuwarten.

2.4.2.2.4   Kosten der Bedienung, Überwachung und Pflege der Heizungsanlage

Zu den Kosten der Bedienung, Überwachung und Pflege der Heizungsanlage gehören die Kosten für die regelmäßige Prüfung ihrer Betriebsbereitschaft und Betriebssicherheit einschließlich der Einstellung durch einen Fachhandwerker. In der Regel wird für jede Heizung ein Wartungsvertrag abgeschlossen. Die Wartungskosten gehören dann zu den Heizkosten.

Achtung !

Werden bei der Wartung Kleinteile ersetzt, gehören diese in den Bereich der Reparaturen und dürfen hier nicht berücksichtigt werden.

Beispiel !

In den Wartungskosten in Höhe von 500 Euro wurden für 20 Euro Kleinteile verbraucht. Wir buchen dann:
- Wartungskosten Soll 500 Euro
- an Bank Haben 500 Euro
- Reparaturen Soll 20 Euro
- an Wartungskosten Haben 20 Euro

oder
- Reparaturen 20 Euro Soll
- Wartungskosten 480 Euro Soll
- an Bank 500 Euro Haben

Achtung !

In der Praxis werden oftmals sogenannte Vollwartungsverträge abgeschlossen. Diese beinhalten nicht nur die Wartung der Heizungsanlage, sondern auch Instandsetzungsarbeiten. Letztere sind **nicht zu den umlegbaren Kosten** zu rechnen.
Es ist höchstrichterlich nicht entschieden, wie der Instandhaltungsanteil eines Vollwartungsvertrags zu ermitteln ist.

Auch die Wartungskosten einer Solaranlage sind umlagefähig, wobei hier ein jährliches Wartungsintervall nicht als notwendig angesehen wird.

2.4.2.2.5   Kosten der Messung nach dem Immissionsschutzgesetz

Der Kaminfeger prüft die Abgase jährlich. Die Kosten dafür sind in der Kehr- und Überprüfungsverordnung des jeweiligen Bundeslandes festgelegt. Die Kehr- und Überprüfungsverordnung ist sozusagen das Gesetz für das Schornsteinfegerwesen.

Sollte eine Überprüfung erforderlich sein, gehört diese **nicht zu den umlagefähigen Kosten**.

Zu den weiteren Aufgaben des Kaminfegers gehört die Feuerstättenschau. Hier wird überprüft, ob die Feuerstätte an sich, die Schornsteine und Verbindungsstücke bzw. Lüftungsanlagen usw. ordnungsgemäß funktionieren und brandschutztechnisch unbedenklich sind. Die Kosten dafür sind aber nur alle drei Jahre umlagefähig.

2.4.2.2.6   Kosten zur Reinigung des Heizraums

Kosten zur Reinigung des Heizraums wie z. B. das Fegen des Bodens wären deshalb eher zu den Reinigungskosten (ähnlich wie z. B. die Reinigung des Treppenhauses) zu zählen. Zwar wird heute nicht mehr mit Kohle geheizt, aber solche Reinigungskosten können durchaus bei Pelletanlagen anfallen.

Zu den Reinigungskosten des Heizraums gehören auch die Kosten für eine Öltank- reinigung – allerdings dann nicht, wenn sie durch eine Störung des Heizbetriebs ver- anlasst wurden. In diesem Fall handelt es sich um Reparaturaufwendungen.

Dann wäre nämlich zu buchen:
- Reparaturaufwand Soll
- an Bank Haben

Wichtig für die Berücksichtigung bei den Heizkosten ist immer, dass die Reinigungs- kosten turnusmäßig anfallen, wobei ein Intervall von drei bis zehn Jahren bei der Öltanktreinigung durchaus als adäquat erachtet werden kann.

2.4.2.2.7   Kosten, die im Rahmen der Verbrauchserfassung anfallen

Im Rahmen der Verbrauchserfassung fallen Kosten für die Zählermiete sowie den Abrechnungsservice (z. B. ISTA, Minol, Kalo usw.) an – sie sind immer umlagefähig.

Werden die Verbrauchszähler geleast, sind die Kosten dafür ebenfalls umlagefähig. Dies gilt aber nur für das Mietleasing. Ist eine Restkaufpreisrate vereinbart, handelt es sich um Finanzierungskosten für die Anschaffung, die genauso zu handhaben sind wie der Kauf der Heizkostenverteiler. Es handelt sich also um Investitionen, die nicht bei den Heizkosten berücksichtigungsfähig sind.

Der Buchungssatz lautet hier:
- Investitionen Soll
- an Bank Haben

Zu den umlagefähigen Heizkosten sind auf jeden Fall die Kosten für den Austausch der Flüssigkeit bei Verdunstungsgeräten sowie die Materialkosten für die neuen Verdunstungsgeräte zu zählen. Bei den elektronischen Geräten sind die Kosten für die Batterien bei den Heizkosten mit zu berücksichtigen.

Umlagefähige Wartungskosten können bei Heizkostenverteilern oder Wärmezählern nicht entstehen. Hier handelt es sich regelmäßig um nicht umlagefähige (Finanzierungs-)Kosten der WEG bzw. des einzelnen Eigentümers.

Der Eichaufwand gehört aber zu den umlagefähigen Kosten.

Die EU-Energieeffizienzrichtlinie (EED) beinhaltet hierzu weitere Regelungen. Sie bestimmt u. a., dass neu installierte Geräte fernablesbar sein müssen. Bereits installierte Geräte müssen bis 01.01.2027 durch fernablesbare ersetzt werden. Des Weiteren sollen den Nutzern halbjährlich Daten auf der Grundlage ihres Verbrauchs oder aufgrund von Ablesewerten zur Verfügung gestellt werden.

Die Verbrauchserfassung wird in der Regel durch einen Dienstleister erbracht. Die Kosten hierfür steigen jährlich. Gerade weil sie grundsätzlich zu den umlagefähigen Kosten gehören, ist hier auf Wirtschaftlichkeit zu achten.

Aber: Die HeizkostenV wurde eingeführt, um die Verbraucher für die Kosteneinsparung zu sensibilisieren. Ist die verbrauchsabhängige Abrechnung aber nur unter unverhältnismäßigem Aufwand durchzuführen, ist darauf zu verzichten. »Unverhältnismäßiger Aufwand« liegt dann vor, wenn die Einsparungen in zehn Jahren kleiner sind als die Kosten für die Verbrauchserfassung. Die Heizkosten und die Warmwasserkosten sind hier separat zu betrachten.

2.4.2.2.8   Fernwärme

Bei der Fernwärme wird Heizleistung in einer zentralen Anlage erzeugt. Wird die Wärme dann weitergeleitet, geschieht das im Rahmen von sogenanntem Contracting. Die Heizkostenverordnung findet auch hier Anwendung. Es wird aber kein Brennstoff abgerechnet, sondern ein vertraglich festgelegter Preis entrichtet.

Contracting

Manche Wohnungseigentümergemeinschaften übertragen die Energieversorgung darauf spezialisierten Dienstleistern. Das hat den Vorteil, dass keine eigene Heizanlage betrieben werden muss. Man unterscheidet beim Contracting verschiedene Arten.

* **Betriebsführungscontracting**
  Hier bleibt die WEG Eigentümerin der Anlage. Der Contractor sorgt für eine fachgerechte Planung und Ausführung der Anlage und ist für Wartung und Reparaturen zuständig. Diese Ausführung entspricht einem Vollwartungsvertrag und wird oft bei BHKWs eingesetzt. Dies ist in der Regel recht teuer.
* **Energieliefercontracting**
  Hier ist der Contractor der Eigentümer der Anlage. Er übernimmt entweder die Anlage der WEG oder plant, installiert und betreibt die Anlage, er wartet sie, setzt sie instand und liefert auch die dazugehörige Energie. Die gesamten Aufwendungen des Contractors zahlt dann die WEG über einen Grund- und Arbeitspreis. Die Aufwendungen sind auch hier sehr hoch.

Für das Contracting bedarf es eines Beschlusses der Wohnungseigentümergemeinschaft.

!

Beispiel

Die WEG hat zwölf Abschläge für Fernwärme à 200 Euro bezahlt. Die Schlussrechnung beläuft sich aber auf 2.500 Euro.
So wird von Januar bis Dezember gebucht:
* Kosten der Beheizung Soll 200 Euro
* an Bank Haben 200 Euro
Am Ende des Jahres weist das Konto »Kosten für die Beheizung« den Saldo von 2.400 Euro auf. Wir müssen also noch buchen:
* Kosten der Beheizung Soll 100 Euro
* an (passive) Rechnungsabgrenzung Haben 100 Euro

Wichtig

In der Gesamtrechnung muss die PRAP die Kosten neutralisieren, d. h. ertragsmäßig ausweisen. In der Einzelabrechnung dürfen die Kosten nicht ausgewiesen werden. Hier erscheinen nur die (verbrauchsabhängigen) Kosten.

Insgesamt gilt, dass der Bundesgerichtshof bis dato an seiner Auffassung, dass die WEG-Buchhaltung eine reine Zufluss-Abfluss-Rechnung ist, festhält. Er argumentiert, dass die Heizkostenverordnung keine Abweichung von diesem Prinzip erfordere, weil sich die vorgeschriebene verbrauchsabhängige Verteilung der Brennstoffkosten allein über die Einzelabrechnungen erreichen lasse.

In der Praxis bedeutet das, dass in den Einzelabrechnungen verbrauchsabhängig und in der Gesamtabrechnung nach Zahlungsfluss abgerechnet wird. Die dadurch notwendigerweise entstehende Differenz zwischen den Gesamtkosten der Einzel- und der Gesamtabrechnung müssten durch Abgrenzungen dargestellt werden.

Buchhaltungssysteme, wie z. B. von Haufe haben diese schwierigen Buchungen automatisiert. Wenn in der laufenden Buchhaltungserfassung dem Konto »Heizung« (also z. B. bei der Erfassung der Bankbewegungen des Jahres 2021) das Wirtschaftsjahr 2020 hinterlegt wird, erkennt das Programm, dass es sich um die Nachzahlung aus dem Jahr 2020 handelt, und bucht diesen Betrag automatisch

- in der Gesamtabrechnung des Jahres 2020 neutral,
- in den Einzelabrechnungen des Jahres 2020 nach individuellem Verbrauch und periodengerecht und
- in der Buchhaltung des Jahres 2021 als Einnahme oder als Ausgabe, d. h. als Ertrag oder als Aufwand.

Die Abrechnung des **erwärmten** Frischwassers ist nach dem Verteilungsschlüssel der Heizkostenverordnung vorzunehmen. Hierbei werden die Kosten des erwärmten Frischwassers natürlich von den Wasserkosten abgezogen.

Die Kosten für das Frischwasser (Kaltwasser) und Abwasser sind, wie bereits erwähnt, nach Miteigentumsanteilen abzurechnen (§ 16 Abs. 2 WEG). Die Gemeinschaft kann aber einen abweichenden Schlüssel festlegen. Der sinnvollste Schlüssel ist natürlich der Verbrauch (siehe auch Kapitel 2.6). Hier ist es aber zwingend notwendig, dass der Verbrauch an allen Zapfstellen von Wasserzählern erfasst wird.

Bei den Wasserzählern ist Folgendes zu anzumerken: Es gibt Hauptzähler und es gibt Zwischenzähler. Die gesamte Verbrauchsmenge, die beim Hauptzähler erfasst wird, ist immer höher als die Summe der Zwischenzähler. Die Differenz ist immer entsprechend den gemessenen Verbräuchen auf die Wohnungseigentümer zu verteilen.

2.4.2.3   Kosten des Betriebs des Personen- und Lastenaufzugs

Zu den Kosten des Betriebs eines Personen- oder Lastenaufzugs gehören:

*   die **Kosten des Betriebsstroms**, d. h. nicht nur die Kosten für den Antrieb, sondern auch die Stromkosten für Türsteuerung, Beleuchtung usw. Die Stromkosten, die auf den Betrieb des Aufzugs entfallen, sind in der allgemeinen Stromrechnung enthalten. Wenn kein Zähler vorhanden ist, kann der Anteil der Kosten ggf. geschätzt werden. Wir buchen:
    *   Aufzugskosten Soll
    *   an Allgemeinstrom Haben

    Oder noch genauer:
    *   Aufzugstromkosten Soll
    *   an Allgemeinstrom Haben

*   die **Kosten der Beaufsichtigung, der Bedienung, der Überwachung und der Pflege der Anlage, die regelmäßige Überprüfung der Rufbereitschaft und der Betriebssicherheit einschließlich der Einstellung durch eine Fachkraft.** Ein Aufzug unterliegt der Betriebssicherheitsverordnung (BetrSichV). Die Betriebssicherheit wird vom TÜV oder andere gesetzlich zugelassene Stellen überwacht – alle zwei Jahre bzw. Zwischenprüfungen innerhalb dieses Zeitraums. Die Verordnung schreibt darüber hinaus vor, dass eine Notrufanlage installiert sein muss. Für den Aufzug muss des Weiteren ein Notfallplan erstellt werden. Die Telefonkosten für eine solche Notrufanlage buchen wir als »Aufzugskosten« (und nicht etwa als »Telefonkosten«), ebenfalls Personalkosten.

> **!   Achtung**
>
> Kosten für den erstmaligen Anschluss eines Notrufsystems sind nicht umlagefähig, es handelt sich um Investitionskosten der Gemeinschaft.

*   die **Kosten der Reinigung der Anlage.** Hierunter fallen nicht die Kosten für die Innenreinigung der Kabine, sondern nur außerhalb wie etwa die Reinigung des Fahrstuhlschachts oder die Außenfläche.

- **Wartungskosten**. In der Regel wird die Eigentümergemeinschaft einen Wartungsvertrag abschließen. Ein betrautes Unternehmen wartet die Seilrollen, Führungsschienen, die Elektronik, Aufzugsbremse, Schmierung usw. Dies geschieht auch, um etwaige Haftungsansprüche eventuell Geschädigter von der WEG als Betreiber der Aufzugsanlage (vertreten durch den Verwalter) auf den mit der Wartung betrauten Dienstleister abwälzen zu können. Auch hier gilt: Werden im Rahmen der Wartung Kleinteile oder auch nur Betriebsstoffe wie z. B. Hydrauliköl verbraucht, sind diese nicht zu den Aufzugskosten zu zählen, sondern den (nicht umlegbaren) Instandhaltungskosten zuzurechnen. Besondere Vorsicht ist bei einem sog. Vollwartungsvertrag geboten. Hier ist der Kostenanteil für die Instandhaltung zu schätzen. Eine höchstrichterliche Entscheidung hierzu ist bisher nicht ergangen. In der Regel werden 20 % bis 50 % der Kosten als Instandhaltungskosten zu buchen sein.

Hat eine WEG einen Vollwartungsvertrag abgeschlossen, müssen wir die Kosten hierfür zu einem Teil auf nicht umlegbare Kosten umbuchen.

Buchungssatz:
- Instandhaltungskosten Soll
- an Aufzugskosten Haben

Wenn hier keine plausiblen Schätzungen zugrunde gelegt werden, kann der Eigentümer dem Mieter die Kosten insgesamt nicht weiterberechnen. Die gesamten Wartungskosten sind dabei nicht umlegbar.

Beachte auch: Diese Kosten sind wieder streng nach dem Zufluss-Abfluss-Prinzip zu buchen.

Bei den Betriebskosten ist immer »sachgerecht« zu urteilen, d. h. wenn die Betriebskosten des Aufzugs für den Januar des Folgejahres bereits im Dezember des Vorjahres bezahlt werden, um Skonti in Anspruch nehmen zu können, erscheinen die Aufzugskosten sehr wohl in der Hausgeldabrechnung, nicht aber bei der Umlage auf den Mieter.

Früher war es üblich, die Kosten des Aufzugs als unterschiedlich umlagefähig zu betrachten, je nachdem, in welchem Stockwerk sich die jeweilige Einheit befand. So ging man davon aus, dass der Bewohner einer Erdgeschosswohnung den Aufzug ja nicht benutzt hat und deshalb auch nicht die Kosten zu tragen habe. Der BGH hat aber entschieden, dass der Eigentümer der Erdgeschosswohnung an den Kosten beteiligt werden darf, auch wenn er ihn tatsächlich nicht nutzt und gar kein Interesse an dessen Nutzung hat. Der BGH begründete das damit, dass eine Unterscheidung absolut unpraktikabel sei und man bei der Abrechnung immer gewisse Ungenauigkeiten in Kauf nehmen müsse (BGH, Urteil vom 20.9.2006, VIII ZR 103/06).

Allerdings gibt es Objekte, in denen ein Aufzug ausschließlich wenigen oder nur einem Nutzer zur Verfügung steht – etwa im folgenden Fall:

> **❗ Beispiel**
>
> Das Wohnbauunternehmen Beka residiert im Penthouse eines Bürokomplexes. Besucher können wahlweise von der Tiefgarage oder vom 1. Stock zu den Geschäftsräumen im 6. Stock gelangen – der Aufzug hält nur dort.
> In diesem Fall sind die mit dem Aufzug verbundenen Kosten (und zwar nicht nur die Aufzugskosten, sondern auch die eventuell anfallenden Reparaturen) direkt dem Eigentümer Beka zuzuordnen.

Auch gibt es WEGs, die aus mehreren Gebäuden bestehen, wobei nur in einem ein Aufzug zur Verfügung steht. Hier ist es nicht sachgerecht, die Aufzugskosten auf den Teil der WEG umzulegen, in dem sich gar kein Aufzug befindet.

Wenn aber in jedem Haus ein Aufzug vorhanden ist, können die Kosten aller Aufzüge zusammengefasst werden, aber nur dann, wenn sie nicht unterschiedlich beansprucht werden.

> **❗ Beispiele**
>
> - Eine WEG hat die Gebäude A und B – in A befindet sich ein Aufzug, in B nicht. Hier können nur den Eigentümern des Gebäudeteils A die Aufzugskosten auferlegt werden.
> - Die WEG hat die Gebäude A und B. In beiden befinden sich Aufzüge. Die Aufzugskosten des Gebäudeteils A und des Gebäudeteils B können zusammengefasst und auf alle Eigentümer gleichmäßig verteilt werden.

Die Aufzugskosten stellen immer einen erheblichen Anteil der Kosten einer WEG dar. Insbesondere die Notrufbereitschaft muss ja Tag und Nacht erreichbar sein. Zudem gibt es mehr und mehr Vorschriften, die beachtet werden müssen. So ist ein monatlicher Check unerlässlich und inzwischen auch so kompliziert, dass er nicht mehr dem

Hausmeister auferlegt werden kann. Zwar erfolgt ein Check meist per Fernabfrage (Ahead Guardian), schlägt aber wirtschaftlich gesehen erheblich zu Buche.

2.4.2.4   Kosten der Straßenreinigung und der Müllbeseitigung

Zu den Kosten der Straßenreinigung gehören die für die öffentliche Straßenreinigung zu entrichtenden Gebühren, aber auch die Kosten entsprechender nichtöffentlicher Maßnahmen.

Beispiel

Der Hausmeister fegt die Straße oder entsorgt den Müll, der sich im Kellerflur stapelt.

Dabei ist aber zu beachten, dass, wenn es sich um einen fest angestellten Hausmeister handelt, die Lohnkosten hier nicht in einen Teil »Straßenreinigung« und einen Teil »Hausmeisterkosten« aufgeteilt werden müssen. In diesem Fall verbleiben die Kosten bei den »Hausmeisterkosten«.

Wenn die WEG ein externes Unternehmen beauftragt, sind diese Kosten nur dann zu den umlagefähigen Kosten zu zählen, wenn dabei der Grundsatz der Wirtschaftlichkeit beachtet wurde.

Der Winterdienst gehört zu den Straßenreinigungskosten. Gerade das Räumen von Schnee und die Streupflicht wird eine WEG aus haftungsrechtlichen Gründen stets auf externe Dienstleister auszulagern versuchen, die dann auch die Verkehrssicherungspflicht übernehmen. Dieser Teil der Straßenreinigungskosten ist deshalb auch verhältnismäßig teuer. Entscheidet sich die WEG, den Winterdienst selbst zu übernehmen, ist auf eine ausreichende Haftpflichtdeckung zu achten. Die Einzelheiten des Winterdienstes werden im Übrigen von Gemeinde zu Gemeinde anders geregelt (z. B. von 7 bis 21 Uhr sind die Wege frei zu halten). Allerdings gibt es auch extreme Wetterlagen, bei denen ein Räumen unsinnig erscheint. Kommt ein Besucher durch die winterlichen Verhältnisse zu Schaden, ist im Zweifel die WEG beweispflichtig, die Räum- und Streupflichten entweder selbst erfüllt oder einem Dritten übertragen zu haben.

Auch die Kosten für die Streumittel gehören grundsätzlich zu den umlagefähigen Kosten. Hat der Vermieter es aber versäumt, dies im Mietvertrag zu vereinbaren, kann er sie nicht umlegen.

Zu den Kosten der Müllbeseitigung gehören insbesondere die für die Müllabfuhr zu entrichtenden Gebühren, die Kosten des Betriebs von Müllkompressoren, Müllschluckern, Müllabsauganlagen sowie des Betriebs von Müllmengenerfassungsanlagen einschließlich der Kosten der Berechnung und Aufteilung.

Die Kosten der Anschaffung der Müllbeseitigungsgeräte gehören nicht zu den umlagefähigen Kosten.

Während Müllkompressoren der Müllmengenvermeidung dienen und damit ganz klar wirtschaftliche Erwägungen durch Reduktion der Entsorgungskosten im Vordergrund stehen, kann es sein, dass bei Müllschluckern nicht ökonomische, sondern vielmehr Bequemlichkeitsaspekte eine primäre Rolle spielen. Dann gehören diese Kosten nicht mehr zu den umlagefähigen.

Zu den umlagefähigen Kosten gehören auch die Kosten der Berechnung der Umlage auf den einzelnen Mieter – ähnlich wie bei den Heizkosten. Da hier wie überall das Gebot der Wirtschaftlichkeit im Vordergrund steht, ist dieser Hinweis ergänzend und nicht als praktischer Hinweis zu verstehen.

Wir buchen:
- Kosten für Müll Soll
- an Bank Haben

Hat eine WEG gewerbliche und private Einheiten, spricht man von »gemischt genutzten Grundstücken«. Die gewerblichen Einheiten unterliegen wesentlich höheren Straßenreinigungsgebühren. Die Gebühren sind deshalb getrennt zu betrachten und verursachungsgerecht umzulegen.

Sperrmüllgebühren gehören in der Regel nicht zu den umlagefähigen Kosten einer WEG. Hier ist jeder Sondereigentümer für die bedarfsgerechte Entsorgung verantwortlich. Ein praktisches Problem ist in vielen WEGs aber die unerlaubte Entsorgung in Kellerfluren, im Treppenhaus oder Gemeinschaftsräumen. Hier wird der umsichtige Verwalter den Sperrmüll regelmäßig entsorgen lassen und die Kosten auf alle Eigentümer verteilen. Ob diese zu den umlagefähigen Kosten gehören, ist höchstrichterlich nicht entschieden, daher hier der Praxishinweis, diese Kosten in die umlagefähigen Kosten zu buchen. Der BGH hat nämlich entschieden, dass nur der **regelmäßige** Abtransport von Müll umlagefähig ist (BGH, Urteil vom 13.1.2010,

VIII ZR 137/09). Dies gilt auch, wenn die Kosten nicht jährlich anfallen. Den Vermieter trifft hier aber die Beweispflicht, dass es sich nicht um eine einmalige Aktion handelt. Wichtig ist aber, dass der Müll von den Gemeinschaftsflächen entsorgt wurde.

Viele Müllunternehmen bieten einen Vollservice an, d. h. sie holen die Mülltonnen vom Gelände und stellen sie nach der Leerung zurück. Die meisten WEGs übertragen diese – ebenfalls zu den umlagefähigen Kosten gehörenden – Dienstleistungen dem Hausmeister.

In vielen Gemeinden kann sich eine Gemeinschaft von der Pflicht zur Zahlung der Biotonne befreien lassen, wenn ein Grundstück vorhanden ist, auf dem Abfälle kompostiert werden können.

Überträgt eine WEG einem externen Entsorgungsunternehmen das komplette Müllmanagement (das bedeutet: Beratung der Bewohner über korrekte Abfalltrennung, Müllschleusen, Kontrolle der Wertstoffbehälter auf Inhalt und Sorge für Sauberkeit und Ordnung), gehören auch diese Kosten grundsätzlich zu den umlagefähigen. Dabei ist auch hier – wie überall – der Grundsatz der Wirtschaftlichkeit zu beachten.

2.4.2.5   Kosten der Gebäudereinigung und Ungezieferbekämpfung

Zu den Kosten der Gebäudereinigung gehören die Kosten für die Säuberung der von den Bewohnern gemeinsam genutzten Gebäudeteile wie Zugänge, Flure, Treppen, Keller, Bodenräume, Waschküchen, Fahrkorb des Aufzugs und Fenster in Gemeinschaftsräumen. Hier fallen vor allem Kosten für die Reinigungskraft an. Wenn die WEG eine Reinigungskraft beschäftigt, fungiert sie als Arbeitgeberin mit sämtlichen arbeitsrechtlichen Rechten und Pflichten. So ist der Reinigungskraft Urlaub und Lohnfortzahlung im Krankheitsfall zu gewähren, es sind Lohnsteuer und Sozialversicherungsbeiträge abzuführen, sie ist gegen Unfall zu versichern (Berufsgenossenschaft) usw. Außerdem ist bei ihrer Abwesenheit für Ersatz zu sorgen. In der Regel wird die Gebäudereinigung deshalb auch einem externen Dienstleister übertragen oder der Hausmeister übernimmt diese Dienstleistung mit.

Wird Ungeziefer laufend bekämpft, sind diese Kosten umlagefähig. In den letzten Jahren sind diese Kosten durch verbesserte Hygienemaßnahmen in den Hintergrund getreten. Typische Kosten sind diejenigen für Insektenspray oder Ameisenköder. Leider entwickeln sich in jüngster Zeit immer wieder Ratten zu einer Plage. Da es sich hier um sehr intelligente Tiere handelt, ist es oftmals erforderlich, sie laufend zu bekämpfen. Dass hier eine Einzelmaßnahme zum Ziel führt, ist eher die Ausnahme als die Regel. Auch die Taubenbekämpfung sei hier erwähnt, die ebenfalls meist laufend erfolgen muss.

Hat indes ein Sondereigentümer (oder dessen Mieter) den Ungezieferbefall (z. B. Lebensmittel- oder Kleidermotten) selbst herbeigeführt, sind die Kosten hierfür ihm und nicht der Gemeinschaft aufzuerlegen.

Wir buchen:
- Gebäudereinigung/Ungezieferbekämpfung Soll
- an Bank Haben

2.4.2.6   Kosten der Gartenpflege und der Außenanlagen

Zum Gemeinschaftseigentum gehören auch die Zufahrtswege sowie gemeinsam genutzte Grundstücksflächen. Ob nun z. B. eine Grünfläche, die sich einer Terrasse anschließt, dem Gemeinschaftseigentum zuzurechnen ist oder zum Sondernutzungsrecht einer bestimmten Wohnung gehört, ergibt sich aus der Teilungserklärung. Meist stehen diese nämlich im Sondernutzungsrecht. Auch das Sondernutzungsrecht ist Gemeinschaftseigentum. Regelmäßig ist aber in der Teilungserklärung geregelt, dass dem Sondernutzungsberechtigten dann die Kosten für diesen Teil der Außenanlage aufzuerlegen sind.

Zu den umlagefähigen Kosten der Gartenpflege gehören die Kosten der Pflege gärtnerisch angelegter Flächen einschließlich der Erneuerung von Pflanzen und Gehölzen, der Pflege von Spielplätzen (auch: Erneuerung von Sand) und der Pflege von Plätzen, Zugängen und Zufahrten, die nicht dem öffentlichen Verkehr dienen.

Problematisch wird die Umlagefähigkeit, wenn es sich um eine parkähnliche Außenanlage handelt. Hier hat der BGH grundsätzlich geurteilt, dass die Kosten nur dann umlagefähig sind, wenn Außenstehenden sie nicht nutzen dürfen; die Anlage muss hierzu nicht eingezäunt sein (BGH, Urteil vom 10.2.2016, VIII ZR 33/15).

Die Kosten für einen Spielplatz sind auf alle Eigentümer umzulegen, auch wenn diese oder deren Mieter gar keine Kinder haben; hier genügt die reine Nutzungsmöglichkeit. Dieser Grundsatz ist ähnlich dem zuvor bei den Aufzugskosten ausgeführten zu sehen.

Zu den Kosten der Gartenpflege gehören auch die Kosten für die Außenanlagen. Dazu zählen auch Parkplätze, sofern sie für alle Eigentümer zur Nutzung bereitstehen (Besucherparkplätze). Dabei spielt es keine Rolle, ob der jeweilige Eigentümer ein Fahrzeug besitzt oder Besuch bekommt. Parkplätze im Sondereigentum sind hier natürlich ausgenommen – deren Kosten sind stets dem jeweiligen Sondereigentümer auferlegt.

Zusammenfassend: Im Einzelnen gehören zu den umlagefähigen Kosten für die Gartenpflege:

- **Kosten für die Nachpflanzung**
  Hier ist ein Durchbruch des allgemeinen Grundsatzes zu erkennen, dass Investitionen gemeinhin nicht umlagefähig sind, dies ist in der BetrKV (§ 1 Abs. 1 Nr. 2) explizit geregelt. Die Kosten für die Nachpflanzung umfassen hier auch die zuvor notwendigen Aufwendungen zur Entfernung der alten Pflanzen. Zu den umlagefähigen Kosten gehört alles, was gärtnerisch als notwendig erachtet wird.
- **Kosten für Baumfällarbeiten**
  Ob die Kosten für Baumfällarbeiten zu den umlagefähigen gehören, ist unterschiedlich entschieden. In der Regel lässt sich sagen, wenn es sich um alte, morsche Bäume handelt, die nicht mehr sicher stehen, wenn Lichtverhältnisse beeinträchtigt werden oder aber wenn sich durch Sturmschäden das Fällen eines Baumes als unbedingt notwendig erweist, gehören diese Kosten zu den umlegbaren Kosten (BGH, Urteil vom 10.11.2021, VIII ZR 107/20).
- **Baumkontrollarbeiten**
  Sie gehören dann zu den umlagefähigen Kosten, wenn sie zur Einhaltung der Verkehrssicherungspflicht und regelmäßig erfolgen.
- **Pflege der Spielplätze**
  Zur Pflege der Spielplätze gehören nicht nur das Schmieren der Spielgeräte, das Auswechseln des Sandes (aus hygienischen Gründen sollte dies alle zwei bis drei Jahre erfolgen), das Harken des Sandes, sondern auch die Beseitigung und Vorsorge von Verunreinigungen insbesondere durch Katzen- oder Hundekot (Katzen- und Hundeabwehr durch Ultraschall u. v. a.).

Die WEG kann diese Arbeiten ebenfalls dem Hausmeister überlassen, eigene Arbeitnehmer betrauen (mit allen Arbeitgeberpflichten, wie sie bereits ausgeführt wurden) oder externe Dienstleister wie Gartenbauunternehmen damit beauftragen. Auch wenn der externe Dienstleister seine Kosten inklusive der Gerätenutzung kalkuliert, gehören sie in diesem Fall zu den umlagefähigen Kosten und sind nicht etwa in einen umlagefähigen und einen nicht umlagefähigen Teil aufzuteilen, wie beispielsweise beim Vollservicevertrag bei der Heizungswartung.

Bei den Spielplätzen hat die WEG auch Betreiberpflichten. So sollte ein Spielplatz nach DIN EN 1176 wöchentlich durch Sichtkontrolle (wenn davon auszugehen ist, dass sich die WEG nicht in einem sozialen Brennpunkt befindet – in dem Fall täglich) und jährlich durch den TÜV geprüft werden. Auch diese Kosten sind umlagefähig.

! **Hinweis zu gemischt genutzten WEGs**

Meistens werden die Grünflächen nur durch die privaten Eigentümer genutzt. Nun könnte man auf die Idee kommen, die Kosten für die Gartenpflege nicht den gewerblichen Einheiten zurechnen zu wollen. Aber auch hier ist der Grundsatz zu beachten, dass die Nutzung offensteht und theoretisch möglich ist und daher die Umlage auch auf die Gewerbeeinheiten umlagefähig ist.

Oftmals finden sich in einer WEG gärtnerisch und gestalterisch ambitionierte Miteigentümer. Übernehmen diese im Sinne der Gemeinschaft Gartenarbeiten und erhalten sie hierfür eine Entschädigung (für beides ist selbstverständlich ein Beschluss der Gemeinschaft notwendig), sind diese Aufwendungen ebenfalls den umlagefähigen Kosten zuzurechnen.

Zu beachten ist auch, dass diese Kosten von Jahr zu Jahr stark schwanken können, da unterschiedliche Pflegearbeiten anfallen.

Wir buchen:
- Kosten der Außenanlagen Soll
- an Bank Haben

2.4.2.7 Kosten für die Beleuchtung

Auch die Kosten für die Beleuchtung gehören zu den umlagefähigen Kosten, geregelt in § 2 Nr. 11 BetrKV. Hier sind insbesondere die Stromkosten für die Beleuchtung der allgemeinen Flächen gemeint, also insbesondere die Kosten für die Außenbeleuchtung und die Beleuchtung der von den Bewohnern gemeinsam genutzten Gebäude-teile wie Zugänge, Flure, Treppen, Dachböden, Waschküche oder Fahrradkeller. Auch die Beleuchtung des Heizungskellers gehört dazu, selbst wenn dieser normalerwei-se abgeschlossen ist und in der Regel nur vom Hausmeister und den Handwerkern betreten werden darf.

Umlagefähig sind ausschließlich die Stromkosten, auch die Grundgebühr – nicht aber die Kosten für eine Lampe. Auch die Kosten für ein Notstromaggregat, sofern es ausschließlich der Beleuchtung der allgemeinen Flächen dient, fallen hierunter.

Achtung   !

Fallen Stromkosten für andere Einrichtungen als für die Beleuchtung der Gemeinschaftsflä-chen an, sind sie den (umlagefähigen oder auch nicht umlagefähigen) Kosten zuzuordnen, zu denen sie gehören.
Entstehen Stromkosten beispielsweise für den Aufzug, sind sie konsequenterweise den Aufzugskosten zuzurechnen. Wie bereits erwähnt, gehören die Kosten z. B. für Brenner als Betriebsstrom zu den Heizkosten. Fallen sie z. B. für die hauseigene Wasserversorgungsan-lage an, sind sie konsequenterweise den Wasserkosten zuzurechnen. Wird mehr Strom für die Trocknung von Flächen infolge eines Versicherungsschadens verbraucht, ist dieser den Versicherungsschäden und somit den nicht umlagefähigen Kosten zuzuordnen.
Bei der Abrechnung ist dann darauf zu achten, **die gesamte Stromrechnung z. B. um die Beträge für Aufzug und Heizung zu kürzen**, sodass auf dem Konto »Allgemeinstrom« nur das ausgewiesen ist, was für die Beleuchtung der Gemeinschaftsflächen angefallen ist.

Beispiel   !

Die Stromkosten, die auf der Rechnung des Energieversorgers ausgewiesen sind, betragen 3.000 Euro. Es wurde aber ermittelt, dass davon 300 Euro auf den Betrieb des Aufzugs und 200 Euro auf den Betrieb der Heizanlage entfallen.
Wir buchen:
- Strom für allgemeine Flächen 2.500 Euro Soll
- und Aufzugskosten 300 Euro Soll
- und Heizung 200 Euro Soll
- an Bank 3.000 Euro Haben

Die Kosten des Allgemeinstroms sind sowohl nach Wohnfläche als auch nach Per-sonenanzahl gegenüber dem Mieter umlagefähig. Sind keine weiteren mietver-traglichen Vereinbarungen getroffen, werden diese Kosten verbrauchsunabhängig nach Wohnfläche umgelegt. Durch das Wohnungseigentumsmodernisierungsgesetz

(WEMoG) ist außerdem eine neue Vorschrift ins Gesetz gekommen. Der neue § 556a Abs. 3 BGB lautet:

> Ist Wohnungseigentum vermietet und haben die Vertragsparteien nichts anderes vereinbart, sind die Betriebskosten abweichend von Absatz 1 nach dem für die Verteilung zwischen den Wohnungseigentümern jeweils geltenden Maßstab umzulegen. Widerspricht der Maßstab billigem Ermessen, ist nach Absatz 1 umzulegen.

Hieraus ist zu schließen, dass der Eigentümer seine Hausgeldabrechnung nicht eins zu eins an den Mieter weiterleiten sollte. Es ist genau darauf zu achten, ob diese Aufwendungen, wenn sie nach dem Zufluss-Abfluss-Prinzip umgelegt werden, nicht billigem Ermessen widersprechen. Es ist zu prüfen, ob der für die WEG zugrunde gelegte, für die Eigentümer geltende Verteilungsschlüssel verwendet werden darf und ob die Umlagefähigkeit auch im Mietvertrag geregelt wurde.

!

Beispiel

In einer WEG fallen 100 Euro für monatliche Stromabschläge für den Allgemeinstrom an. Aus dem Vorjahr gab es eine Nachzahlung von 500 Euro. Der tatsächliche Verbrauch im Kalenderjahr beträgt aber nur 800 Euro.
Hier wäre es sicher unbillig, 1.600 Euro (11-mal Abschlag 100 Euro zzgl. Nachzahlung 500 Euro) statt 800 Euro auf den Mieter umzulegen.

2.4.2.8 Kosten der Sach- und Haftpflichtversicherung

Durch eine Sachversicherung werden Schadensereignisse am Gebäude abgedeckt. Eine Haftpflichtversicherung schützt die Mitglieder der Gemeinschaft vor finanziellen Einbußen, die aus einer Schadensersatzforderung herrühren.

Zu den Versicherungskosten gehören namentlich die Kosten der Versicherung des Gebäudes gegen Feuer-, Sturm-, Wasser- sowie sonstige Elementarschäden, der Glasversicherung, der Haftpflichtversicherung für das Gebäude, den Öltank und den Aufzug.

Allerdings wird bei den Sach- und Haftpflichtversicherungen das Gebäude und nicht die Hausgemeinschaft als versichertes Objekt gesehen. Dies hat zur Folge, dass sämtliche Schäden, unabhängig davon, ob sie im Sondereigentum oder Gemein-schaftseigentum anfallen, hierüber versichert sind.

Fraglich war auch lange Zeit, ob eine Mietausfallversicherung, die oft in der Gebäu-deversicherung inkludiert ist, zu den umlagefähigen Kosten gehört. Dies hat der BGH mit dem Hinweis auf die zeitliche Begrenzung des Mietausfalls bejaht (BGH, Urteil v. 6.6.2018, VIII ZR 38/17). Mietausfälle, die infolge eines Schadens, der durch die Ge-bäudeversicherung abgedeckt ist, entstehen, werden (nur) dann von der Versiche-rung übernommen, wenn die Schäden unverschuldet zustande gekommen sind und der Vermieter (der WEG-Eigentümer) die Instandsetzungsarbeiten nicht schuldhaft verzögert hat.

Bei der Gebäudeversicherung, die Ersatz bei Schäden, die durch Feuer, Wasser, Ha-gel und Sturm am Gebaude oder an fest mit dem Gebäude verbundenen Objekten (z. B. Wintergarten) verursacht sind, leistet, wird in der Regel der Neuwert, bei sanie-rungsbedürftigen Gebäuden der Zeitwert angesetzt.

Es ist – spätestens seitdem die Hochwasserkatastrophen in Deutschland dies klar gemacht haben – darauf zu achten, dass Elementarschäden in der Gebäudeversiche-rungspolice eingeschlossen sind. Als Elementarschäden sind Folgen aus unabwend-baren Naturereignissen zu sehen, dazu gehören:
*   Überschwemmung, Hochwasser
*   Erdbeben
*   Erdsenkung, Erdrutsch
*   Lawinen und Schneedruck
*   Vulkanausbruch

Einzelne Schäden können nicht ausgeschlossen werden. So ist ein Vulkanausbruch in Deutschland wenig wahrscheinlich, aber unter Solidaritätsgesichtspunkten nicht ausschließbar. Im Bereich Hochwasser ist Deutschland in verschiedene Risikoklassen unterteilt. In manchen Gebieten ist dies gar nicht mehr oder nur noch gegen extrem hohe Prämien versicherbar. Dennoch sind die Kosten umlagefähig (§ 2 Nr. 13 BetrKV).

Seit dem 11. September 2001 gibt es auch eine Terrorschadenversicherung, da Versi-cherer nicht mehr bereit waren, gewerblich genutzte Gebäude in der Feuerversiche-rung kostenfrei mitzuversichern. Für Terrorschäden muss eine zusätzliche Versicherung abgeschlossen werden, deren Kosten dann aber auch umgelegt werden können. Dabei ist ganz besonders auf den Aspekt der Wirtschaftlichkeit zu achten. Nach dem Urteil des Bundesgerichtshofs vom 13.10.2010, VII ZR 129/09, sind diese umlagefähig.

Die Gebäudeversicherung umfasst in der Regel auch die Schäden, die durch Leitungswasser entstehen (unabhängig ob Sonder- oder Gemeinschaftseigentum). Oftmals ist ein Selbstbehalt vereinbart. Diesen hat in jedem Fall die Gemeinschaft zu tragen, auch wenn der Schaden im Sondereigentum entstanden ist. Die Kosten zur Behebung des Schadens gehören aber nicht zu den umlegbaren Kosten.

Die Haus- und Grundbesitzerhaftpflichtversicherung deckt Schäden ab, die durch die Immobilie entstehen, wenn z. B. gegen die Verkehrssicherungspflicht oder gegen die Instandhaltungspflicht verstoßen wurde. Die Haftpflichtversicherung kommt dann z. B. für Behandlungskosten auf, die entstanden sind, weil eine Person auf einem nicht ordentlich gestreuten Gehweg gestürzt ist.

Weitere umlegbare Sachversicherungen sind Schwamm- oder Hausbockversicherung, Versicherung für die Starkstromleitung im Aufzug, die Elektronikversicherung der Brandmeldeanlage sowie die Versicherung gegen Rückstauschäden.

Die Gemeinschaft ist gut beraten, einen Versicherungsmakler zurate zu ziehen. Er schätzt die notwendigen Versicherungen ein und haftet hier auch für die Vollständigkeit der Deckung. Der Grundsatz der Wirtschaftlichkeit bedeutet hier keinesfalls, dass das billigste Angebot zu wählen ist.

Oft »sanieren« die Versicherungen nach mehreren Schadensereignissen auch den Vertrag. Das bedeutet, dass entweder die Versicherungsprämie oder der Selbstverhalt erhöht wird.

Wir buchen:
*   Versicherung Soll
*   an Bank Haben

2.4.2.9   Kosten des Hausmeisters

In nahezu jeder WEG übernehmen die Bewohner die Treppenreinigung nicht selbst, sondern beauftragen dafür den Hausmeisterservice, der in der Regel auch die Pflege

der Außenanlagen des Gemeinschaftseigentums übernimmt. Gerade bei den Hausmeisterkosten wird am meisten darüber gestritten, ob diese Kosten umlagefähig
sind. Dies ist nicht der Fall, wenn der Hausmeister

- mit Tätigkeiten betraut wird, die andere Kostenarten betreffen,
- Maßnahmen zur Erhaltung von Sicherheit und Ordnung ergreift,
- Instandhaltungsmaßnahmen oder auch Schönheitsreparaturen tätigt,
- Geräte wartet oder Verwaltungsaufgaben übernimmt (§ 2 Nr. 14 BetrKV).

Ist ein angestellter Hausmeister beschäftigt, gehören hierzu nicht nur sein Lohn,
sondern auch die Sozialbeiträge und geldwerten Leistungen.

Wir buchen (ganz vereinfacht):

- Hausmeistergehalt Soll
- an Bank Haben

Beachten Sie hierbei Folgendes: Ist der Hausmeister angestellt, ist die Wohnungseigentümergemeinschaft Arbeitgeberin. Sie ist verpflichtet,

- eine Lohnabrechnung durchzuführen,
- Sozialversicherungsbeiträge (Renten-, Kranken- und Arbeitslosenversicherun-
  gen sowie – als Kleinbetrieb – auch Umlagen nach dem Lohnfortzahlungs- und
  Mutterschaftsgesetz) sowie auch die Lohnsteuer beim Finanzamt anzumelden
  und abzuführen,
- Urlaub und Lohnfortzahlung im Krankheitsfall zu gewähren,
- Lohnsteuerbescheinigungen zu erstellen,
- berufsgenossenschaftliche Meldungen vorzunehmen und
- Arbeitszeiten aufzuzeichnen.

Dabei ist zu beachten, dass nicht nur der Lohn des Hausmeisters Kosten für die WEG
darstellen, sondern auch zusätzliche Aufwendungen für die Arbeitgeberanteile an
der Sozialversicherung anfallen.

Tatsächlich lautet der Buchungssatz dann nämlich (immer noch vereinfacht):

- Nettogehalt Hausmeister Soll
- Sozialversicherungsbeiträge (Renten-, Kranken-, Arbeitslosen-, Umlageversi-
  cherung, und zwar Arbeitgeber- und Arbeitnehmeranteil) Soll
- Lohnsteuer Soll
- an Bank Haben

Die meisten Wohnungseigentümergemeinschaften nehmen deshalb Abstand von der Beschäftigung eines »eigenen« Hausmeisters und greifen auf bewährte Drittfirmen zurück. Der Vorteil ist, dass sie auch für »Ausfälle« jeder Art nicht haften.

!   Achtung

Oftmals ist der Hausmeisterdienst mit Instandhaltung, Schönheitsreparaturen oder Erneuerung beschäftigt, wenn er z. B. einen umgefahrenen Poller am Parkplatz erneuert oder den Treppenaufgang streicht. Diese Kosten dürfen dann nicht umgelegt werden, sondern sind bei den nicht umlagefähigen Kosten, konkret: bei den Instandhaltungskosten zu berücksichtigen (siehe nächstes Kapitel 2.4.3).

In der Regel wird also ein externer Hausmeisterdienst von der WEG beauftragt. Der Grundsatz der Wirtschaftlichkeit ist hierbei sehr genau zu betrachten – es kann sein, dass die Beauftragung eines Hausmeisterservice bei kleinen Objekten nicht wirtschaftlich ist.

Auch hier gilt, dass der externe Dienst durchaus seine Gerätschaften einpreist. Die Kosten sind dennoch nicht in einen umlagefähigen und einen nicht umlagefähigen Teil aufzuteilen.

Als Grundlage für eine Aufschlüsselung in umlagefähige und nicht umlagefähige Kosten kann ein Leistungsverzeichnis herangezogen werden. Darin sind Art und Umfang der Leistungen festgelegt. Maßgebend ist aber der tatsächliche Zeitaufwand. Deshalb ist es sinnvoll, dass der Hausmeisterservice die Zeiten, die er zur Ausführung der nicht umlagefähigen Arbeiten verwendet, aufzeichnet. Es genügt auch durchaus, ein Arbeitsprotokoll über einen festgelegten Zeitraum fertigen zu lassen, um dann Rückschlüsse für die Zukunft ziehen zu können.

Eine weitere Möglichkeit besteht in der Praxis darin, im Leistungsverzeichnis, das als Anlage zum Hausmeisterdienstvertrag geführt wird, zu definieren, welcher Teil des Entgelts auf den abzugsfähigen und welcher auf den nicht abzugsfähigen Teil entfällt.

Es ist höchstrichterlich nicht entschieden, ob die Hausmeisterkosten auch dann umlagefähig sind, wenn die Reinigung nicht ordentlich oder der Schneeräumdienst nicht pünktlich erfolgt ist. Im Zweifel sind diese Kosten zu den umlagefähigen zu zählen und dort zu buchen.

2.4.2.10   Kosten des Betriebs der Gemeinschaftsantennenanlage

Eine Gemeinschaftsantennenanlage bietet die ortsüblichen Empfangsmöglichkeiten für Hörfunk und Fernsehen. Eine Antennenanlage besteht aus einer »Satellitenschüssel«, d. h. einer Parabolantenne für den Satellitenempfang.

Zu den Kosten dieser Antennenanlage gehören die Kosten des Betriebsstroms (für den Betrieb des Verstärkers), der regelmäßigen Prüfung ihrer Betriebsbereitschaft einschließlich der Einstellung durch eine Fachkraft oder das Nutzungsentgelt für eine nicht zum Gebäude gehörende Antennenanlage sowie die Gebühren, die nach dem Urheberrechtsgesetz für die Kabelweitersendung entstehen. Auch die Wartung der Antennenanlage gehört dazu.

2.4.2.11   Kosten des Betriebs der mit einem Breitbandnetz verbundenen privaten Verteileranlage

Zu den Kosten des Betriebs einer Verteileranlage, die mit einem Breitbandnetz verbunden ist, gehören dieselben wir alle in Kapitel 2.4.2.10 aufgeführten Kosten der Satellitenschüssel sowie die laufenden monatlichen Grundgebühren für den Breitbandkabelanschluss.

Bei den Wartungen ist allerdings Vorsicht geboten. In der Regel werden nämlich die sogenannten Wartungsverträge so gehandhabt, dass das beauftragte Unternehmen gar keine regelmäßigen Überprüfungen durchführt, sondern nur im Bedarfsfall tätig wird. Diese Kosten sind nicht als Wartungskosten umlagefähig, sondern unter den Instandhaltungen zu buchen.

Es ist sinnvoll, dass die Wohnungseigentümergemeinschaft beschließt, diese Kosten nach **Einheiten** (s. auch Kapitel 2.6 »Umlageschlüssel«) umzulegen. Wohnungen, die gar keinen Kabelanschluss besitzen, sind dann hier auszunehmen.

Wurden Einzelverträge abgeschlossen, müssen diese herausgerechnet werden.

Wir buchen:
* Kosten für den Breitbandkabelanschluss Soll
* an Bank Haben

117

Durch die Modernisierung des Telekommunikationsrechts wurde das sog. Nebenkostenprivileg abgeschafft, d. h. bisher mussten sich alle an den Kosten des Kabelanschlusses beteiligen, und er war vollumfänglich auf die Mieter umlegbar. Dieses Nebenkostenprivileg wurde mit Übergangsfrist zum 1. Juli 2024 abgeschafft. Es ist davon auszugehen, dass ab diesem Zeitpunkt auch die Wohnungseigentümergemeinschaften auf Individualverträge übergehen werden.

Künftig mehr Bedeutung erlangen wird der Glasfaseranschluss. Hier sieht der Gesetzgeber ein Glasfaserbereitstellungsentgelt § 72 TKG vor, das zu den umlegbaren Kosten gehört.

2.4.2.12 Kosten des Betriebs der Einrichtungen für die Wäschepflege

In manchen WEGs steht eine Gemeinschaftswaschmaschine oder auch ein Gemeinschaftswäschetrockner zur Verfügung. Dann gehören die Kosten des Betriebsstroms, die Kosten der Überwachung, Pflege und Reinigung der Einrichtungen, der regelmäßigen Prüfung ihrer Betriebsbereitschaft und Betriebssicherheit sowie die Kosten der Wasserversorgung zu den umlegbaren Kosten.

Auch hier gilt, dass die Kosten für den Waschmaschinenstrom nicht zusammen mit dem Strom für allgemeine Flächen bei den Kosten für die Beleuchtung zu berücksichtigen sind. Zur Ermittlung genügt aber eine Schätzung.

Wir buchen:
- Kosten der Wäschepflege Soll
- an Allgemeinstrom Haben

Übernimmt der Hausmeister die Wartung, Reinigung usw., sind diese Kosten wiederum aus den Hausmeisterkosten herauszurechnen:
- Kosten der Wäschepflege Soll
- an Hausmeister Haben

Wird ein Wartungsvertrag mit einem Kundendienst abgeschlossen, gehören die Kosten hierfür zu den umlagefähigen Kosten der Wäschepflege.

Die Wasserkosten indes müssen nicht getrennt ermittelt werden, es sei denn, der Wohnraum der WEG wurde mit öffentlichen Mitteln gefördert (preisgebundener Wohnraum/»Sozialwohnungen«). Hier müssen die umlagefähigen Wasserkosten für die Wäschepflege der Bewohner ermittelt werden, die sie auch tatsächlich nutzen. Ansonsten sind die Kosten nur nach MEA (bzw. Wohnfläche, wenn dies beschlossen wurde) umzulegen.

Oftmals sind aber Waschmünzen einzuwerfen, die für einen festgelegten Betrag pro Waschgang zu erwerben sind. Die Erträge aus diesen Waschmünzen gehören dann wiederum zu den Einnahmen der Gemeinschaft (sonstige Erträge).

Buchungssatz:
- Kasse Soll
- an Erträge aus Waschmünzen Haben

Die Waschmünzen sind nämlich Bargeld, müssen also über die »Kasse« gebucht werden. In der Regel wird das Bargeld dann auf das Bankkonto der WEG eingezahlt werden.

Dies buchen wir aber **in der Praxis nicht** mit dem (eigentlich völlig korrekten) Buchungssatz »Bank an Kasse«. Hier schaltet der Praktiker das Geldtransitkonto ein.

Der Buchungssatz lautet vielmehr:
- Geldtransit Soll
- An Kasse Haben

Und dann:
- Bank Soll
- an Geldtransit Haben

Als T-Konten dargestellt, ergibt sich in beiden Fällen dasselbe Bild:

S	Kasse	H		S	Erträge aus Waschmünzen	H
100,00 €		100,00 €				100,00 €

S	Bank	H
100,00 €		

S	Geldtransit	H
100,00 €	100,00 €

Bei den Einrichtungen für Wäschepflege ist es unzulässig, wenn die WEG einen Gewinn mit einkalkuliert. Das Entgelt darf nur die laufenden Kosten decken.

Stellt eine WEG solche Gemeinschaftswäscheeinrichtungen zur Verfügung und der Eigentümer vermietet seine Wohnung, sind diese Einrichtungen als mitvermietet anzusehen, auch wenn hier keine explizite Regelung im Mietvertrag getroffen ist. Die Waschmaschine oder der Trockner dürfen dann nicht einfach stillgelegt werden.

2.4.2.13   Sonstige Betriebskosten

Zu den sonstigen Betriebskosten regelt § 2 Nr. 17 BetrKV:

> 1.   sonstige Betriebskosten,
> hierzu gehören Betriebskosten im Sinne des § 1, die von den Nummern 1 bis 16 nicht erfasst sind.

Die Vorschrift ist also als Sammelbecken konzipiert, in dem sich alles findet, was in den Vorschriften des § 2 nicht abschließend erwähnt ist und dennoch zu den umlegbaren Kosten gehören soll. Inhaltlich müssen diese umlegbaren Kosten aber mit den im Gesetz geregelten vergleichbar sein. Sonstige Betriebskosten sind Kosten, die dem Eigentümer durch das Eigentum (oder das Erbbaurecht an einem Grundstück) durch den **bestimmungsgemäßen** Gebrauch des Gebäudes, der Anlagen, Einrichtungen und des Grundstücks **laufend** entstehen.

Fällt eine neue Kostenart an, die nirgendwo definiert ist, ist zu prüfen:

Lassen Sich die Kosten dem Eigentümer zurechnen?	Ja
Sind sie durch bestimmungsgemäßen Gebrauch entstanden?	Ja
Sind sie tatsächlich entstanden (Rechnung)?	Ja
Fallen sie laufend an?	Ja

Oder es ist umgekehrt zu prüfen:

Handelt es sich um Investitionen?	Nein
Wurde hier etwas angemietet?	Nein
Handelt es sich um Verwaltungskosten?	Nein
Handelt es sich um eine Reparatur?	Nein

Wenn Sie die Fragen so wie oben beantworten können, können Sie davon ausgehen, dass es sich um umlegbare sonstige Betriebskosten handelt.

Im Folgenden finden Sie, was zu den sonstigen Betriebskosten zählt.

Wartungen
Bei den Wartungen ist es unerheblich, ob Dachrinnen, Gasleitungen, Türen und Fenster, Öltanks, die Sicherheitsbeleuchtung oder Rauchwarnmelder gewartet werden und ob sich die Wartung nur auf eine Sichtungsprüfung erstreckt.

Im Bereich der Wartungskosten hat sich die Rechtsprechung geändert. Früher ging man davon aus, dass es sich meist um eine »präventive Instandhaltung« handelt; doch nach geltender Auffassung sind die Wartungskosten dann den umlagefähigen Kosten zuzurechnen, wenn sie der Aufrechterhaltung der Betriebssicherheit dienen.

Bei den Wartungskosten sind alle Kosten, die für die Aufrechterhaltung der Betriebssicherheit anfallen, zu berücksichtigen. Allerdings ist hier Vorsicht walten zu lassen, dass nicht nicht umlagefähige Reparaturen hier »eingeschmuggelt« werden.

Die Kosten der **Reinigung von Abwasserrohren, von Dach-, Entwässerungs- und Ablaufrinnen**, wenn sie regelmäßig präventiv durchgeführt werden, gehören ebenfalls zur den Wartungskosten. Dazu zählen auch die Kosten für **Blitzschutzanlagen**, die oftmals landesgesetzlich gefordert werden. Diese sind regelmäßig auf Funktionalität zu überprüfen. Die Prüfintervalle richten sich dabei nach der sogenannten Blitzschutzklasse. Gefährdete Gebäude sind mindestens alle zwei Jahre zu überprüfen.

Die Installationspflicht von **Rauchwarnmeldern** in Wohnungen trat zu unterschiedlichen Zeitpunkten und auch mit unterschiedlichen Regelungen in Kraft. Auch die Zuständigkeit für die Wartung differiert von Bundesland zu Bundesland.

Rauchwarnmeldepflicht	
Baden-Württemberg	Seit 10.07.2013 für Neu- und Umbauten, Übergangsfrist Bestandsbauten bis 31.12.2014
Bayern	Seit 01.01.2013 für Neu- und Umbauten, Übergangsfrist Bestandsbauten bis 31.12.2017
Berlin	Seit 01.01.2017 für Neu- und Umbauten, Übergangsfrist Bestandsbauten bis 31.12.2020
Brandenburg	Seit 01.07.2016 für Neu- und Umbauten, Übergangsfrist Bestandsbauten bis 31.12.2020
Bremen	Seit 01.05.2010 für Neu- und Umbauten, Übergangsfrist Bestandsbauten bis 31.12.2015
Hamburg	Seit 24.06.2006 für Neu- und Umbauten, Übergangsfrist Bestandsbauten bis 31.12.2010
Hessen	Seit 24.06.2005 für Neu- und Umbauten, Übergangsfrist Bestandsbauten bis 31.12.2014
Mecklenburg-Vorpommern	Seit 01.09.2006 für Neu- und Umbauten, Übergangsfrist Bestandsbauten bis 31.12.2009
Niedersachsen	Seit 01.11.2012 für Neu- und Umbauten, Übergangsfrist Bestandsbauten bis 31.12.2015
Nordrhein-Westfalen	Seit 01.04.2013 für Neu- und Umbauten, Übergangsfrist Bestandsbauten bis 31.12.2016
Rheinland-Pfalz	Seit 23.12.2003 für Neu- und Umbauten, seit 12.07.2012 für Bestandsbauten
Saarland	Seit 01.06.2004 für Neu- und Umbauten, Übergangsfrist Bestandsbauten bis 31.12.2016
Sachsen	Seit 01.01.2016 nur für Neu- und Umbauen, für Bestandsgebäude nicht geplant
Sachsen-Anhalt	Seit 17.12.2009 für Neu- und Umbauten, Übergangsfrist Bestandsbauten bis 31.12.2015
Schleswig-Holstein	Seit 04.04.2005 für Neu- und Umbauten, seit 31.12.2010 für Bestandsbauten
Thüringen	Seit 29.02.2008 für Neu- und Umbauten, Übergangsfrist Bestandsbauten bis 31.12.2018

Rauchwarnmelder dienen dem Schutz von Personen und nicht dem Schutz des Gebäudes. Damit sind die Kosten der Funktionsprüfung regelmäßig Betriebskosten. Zu den umlagefähigen Betriebskosten der Rauchwarnmelder gehört auch der Ersatz der Batterien. Höchstrichterlich noch nicht entschieden ist die Frage, ob Anmietkosten für Rauchwarnmelder zu den umlagefähigen Kosten gehören. Tendenziell geht die herrschende Meinung aber davon aus, sie den nicht umlagefähigen zuzurechnen.

Kosten der Prüfung der **elektrischen Anlagen** gehören in der Regel nicht zu den umlagefähigen Betriebskosten. Eine Ausnahme bildet der sogenannte E-Check. Durch diesen sollen Gefahren in elektrischen Anlagen und Betriebsmitteln erkannt werden. Verantwortlich hierfür ist nämlich der Betreiber der Anlage, also die Wohnungseigentümergemeinschaft. Beim **E-Check** werden die elektrischen Anlagen auf
*   Gebrauchs- und Funktionsfähigkeit (Schutz gegen elektrischen Schlag, Überspannung usw.),
*   ihren ordnungsgemäßen sicherheitstechnischen Zustand und
*   Energieeffizienz
geprüft. Durch diesen E-Check kann die WEG ihre Betreiberpflichten hinsichtlich der Betriebssicherheit auf das ausführende Unternehmen übertragen.

Auch Kontrollen der Sicherheitsbeleuchtung mithilfe eines Notstromaggregats gehören zu den umlagefähigen Betriebskosten, wenn sie gesetzlich vorgeschrieben sind.

Kosten für Rauch- und Wärmeabzugsanlagen
Rauch- und Wärmeabzugsanlagen sind laufend zu prüfen, damit die Rauch- und Brandgase im Brandfall abgeleitet werden können. Auch der Auslösemechanismus muss einwandfrei funktionieren.

Kosten für Lüftungsanlagen
Lüftungsanlagen verbessern das Raum- und Wohnklima. Eine laufende Prüfung ist daher sinnvoll. Die Kosten sind umlagefähig, ebenfalls die Kosten, die für den Strom anfallen, mit der diese Anlagen betrieben werden.

Pförtnerdienste
Auch wenn in Deutschland der Einsatz eines Concierge nicht unbedingt üblich ist, gibt es auch hierzulande größere Mietobjekte, in denen ein Pförtner eingesetzt wird.

Dieser kontrolliert fremde Personen, die das Haus betreten wollen, und sorgt für Sicherheit und Ordnung.

Durch den BGH wurden diese Aufwendungen den umlagefähigen sonstigen Betriebskosten (und nicht etwa den Hausmeisterkosten) zugeschlagen, wenn eine praktische Notwendigkeit hinsichtlich des Sicherheitsbedürfnisses besteht. Nicht aber umlegbar sind diese Pförtnerdienste, wenn sie zur Vorbeugung von Vandalismusschäden entstehen, denn dann sollen Reparaturen verhindert werden. Gegebenenfalls kommt hier auch eine Kostentrennung in Betracht.

Genauso sind die Kosten für einen **Wach- und Sicherheitsdienst** zu betrachten. Der BGH hat sich nur zu den Pförtnerkosten abschließend geäußert. Bei den Kosten für einen Wach- und Sicherheitsdienst ist analog vorzugehen. Steht hier die Sicherheit der Bewohner im Vordergrund, sind die Kosten umlagefähig (BGH, Beschluss vom 5.4.2005, VIII ZR 78/04).

Rückstausicherung
Die Rückstausicherung verhindert das Eindringen von Abwasser – und auch von Ratten – über die Kanalisation. Die Kosten für regelmäßige Kontrollen sind umlagefähig.

Brandmeldeanlage
Eine Brandmeldeanlage (BMA) ist eine Gefahrenmeldeanlage aus dem Bereich des vorbeugenden Brandschutzes, die eine Brandmeldezentrale enthält, um Ereignisse von verschiedenen Brandmeldern zu empfangen, auszuwerten und Reaktionen einzuleiten, z. B.:
- Weiterleitung der Brandmeldung an die ständig besetzte Leitstelle zur Alarmierung der örtlichen Feuerwehr
- interne Alarmierung, um vor der Weiterleitung zur Feuerwehr kontrollieren zu können, ob ein Täusch- oder Fehlalarm vorliegt
- Alarmierung zur Räumung eines Objekts
- Öffnen von Rauchableitungseinrichtungen
- Ansteuerung von Aufzügen
- Schließen von Feuerschutzabschlüssen
- Auslösung einer Objektlöschanlage, z. B. CO_2-Löschanlage.[2]

---

2   https://de.wikipedia.org/wiki/Brandmeldeanlage

Die Kosten, die hier für die laufende Wartung entstehen, sind umlagefähig; nicht aber die der erstmaligen Installation.

Kosten des Betriebs und der Wartung von Müllschluckern

Unter »Müllschluckern« versteht man eine zentrale Abwurfanlage, die früher als besonderes Ausstattungsmerkmal galt, heute aber wegen der fehlenden Mülltrennung ökologisch als nicht sehr sinnvoll einzustufen ist. Viele Anlagen unterhalten Zerkleinerungsanlagen. Die Kosten hierfür gehören zu den umlagefähigen.

Kosten für Kfz-Parkanlagen/Tiefgarage

Zu den umlagefähigen Kosten gehören die Kosten für die Beleuchtung der Tiefgarage. Hier ist ebenfalls nach dem allgemeinen Grundsatz zu verfahren, dass der Strom für die Tiefgarage aus dem Allgemeinstrom herauszurechnen ist.

Der Buchungssatz lautet hier:
- Kosten Tiefgaragenstrom Soll
- an Allgemeinstrom Haben

In den Prämien für die Gebäudeversicherung, bei den Kosten der Straßenreinigung oder der Ableitung von Niederschlagswasser sind in der Regel ebenfalls Beträge für die Tiefgarage enthalten. Lassen sich diese zweifelsfrei ermitteln, sind sie zuzurechnen. In der Regel kann darauf aber wegen Geringfügigkeit verzichtet werden.

Kosten für Tore

Wartungskosten – gerade für Tiefgaragentore – sind ebenfalls umlegbar.

Grundsteuer

An dieser Stelle sei der Vollständigkeit halber erwähnt, dass die Kosten für die **Grundsteuer** zwar auf den Mieter umgelegt werden können, dass diese aber **nirgendwo** in einer WEG-Buchhaltung vorkommen. Die Grundsteuer ist eine Steuer auf das Eigentum und wird ausschließlich beim jeweiligen Eigentümer berechnet

2.4.3   Nicht umlegbare Kosten

Im Gemeinschaftseigentum fallen auch Kosten für die WEG an, die in jedem Fall von den Eigentümern zu tragen sind und bei einer eventuellen Vermietung nicht an den Mieter weitergereicht werden können.

Hauptsächlich handelt es sich hierbei um:

2.4.3.1   Reparaturen/Kosten für Instandhaltung

Alle Reparaturen, die das **Gemeinschaftseigentum** betreffen, sind von den Wohnungseigentümern zu tragen. Hierzu zählen insbesondere die Kosten für die Reparaturen von Heizung, Aufzug, Fassade, Fenster und Dach.

!

Achtung

Wartungen dienen der Gebrauchserhaltung und gehören zu den umlagefähigen Kosten. Reparaturen sind notwendig, wenn der Gegenstand seine Funktion nicht mehr erfüllt und gehören dann zu den nicht umlegbaren Kosten.

Wir buchen:
*   Reparaturen (wahlweise kann hier auch ein Extra-Konto angelegt werden, z. B. »Reparaturen Heizung« oder »Reparaturen Tiefgarage«) Soll
*   an Bank Haben

2.4.3.2   Kosten des Betriebs des Personen- und Lastenaufzugs

Zu den nicht umlegbaren Kosten gehören die Kosten zur Wiederinbetriebnahme des Aufzugs nach einer Änderung oder einem Schadensfall.

Wird ein Notrufsystem gemietet oder geleast (Kaufleasing), sind die Kosten dafür nicht umlegbar. Auch die Kosten für den erstmaligen Anschluss des Systems können nicht umgelegt werden.

Kosten für Verschleißteile, die im Rahmen der Wartung ersetzt werden, einschließlich der damit in Zusammenhang stehenden Arbeitskosten sind den nicht umlegbaren Instandhaltungsaufwendungen zuzurechnen. Wie die Kosten bei einem Vollwartungsvertrag aufgeteilt werden, können Sie im Kapitel 2.4.2 unter Wartungen nachlesen. Die Beweispflicht der Höhe des umlagefähigen Teils trifft hier den Vermieter (nicht etwa die WEG und deren Vertreter).

Kommt es zu einer Aufzugsstörung und es stellt sich heraus, dass gar keine Reparatur durchgeführt werden muss, ist es streitig, ob die Kosten in diesem Fall zu den umlagefähigen oder zu den nicht umlagefähigen gehören. Der BGH selbst hat sich hierzu noch nicht geäußert.

2.4.3.3   Kosten der Straßenreinigung und der Müllbeseitigung

Die Kosten für die Anschaffung von Arbeitsgeräten und Maschinen, die für die Reinigung der Gehwege oder den Winterdienst benötigt werden, gehören zu den nicht umlagefähigen Kosten. Hierzu zählen auch Aufwendungen, die für Reparatur oder Wartung der Geräte anfallen. Für die Anschaffung von Müllanlagen sowie -behältern gilt dasselbe wie für die Arbeitsgeräte.

Müllschluckanlagen werden in der Regel aus Bequemlichkeitsgründen betrieben. Die Kosten der Anschaffung können nicht umgelegt werden.

Wir buchen dann:
- Anschaffungen Soll
- an Bank Haben

Die Anschaffungen finden sich im Vermögensbericht der Gemeinschaft wieder (allerdings nicht bei den Anschaffungskosten oder fortgeführten Anschaffungskosten).

Kosten für eine **einmalige** Sperrmüllabfuhr oder Entrümpelung gehören zu den nicht umlagefähigen Kosten ebenso wie der Vollservice des Versorgungsunternehmens, das die Bereitstellung der Müllbehälter übernimmt. Dies gilt auch, wenn die WEG im Rahmen einer Entrümpelungsaktion einen Container bereitstellt.

Werden Müllbehälter gemietet statt gekauft, spart die WEG die Anschaffungskosten. Auch wenn die Raten regelmäßig anfallen, können sie nicht umgelegt werden, weil es sich dann um Finanzierungskosten handelt.

> **!**   **Achtung**
>
> Vermietet die Gemeinde Müllbehälter gegen Gebühr, gehört diese zu den umlagefähigen Kosten.

2.4.3.4   Kosten der Gebäudereinigung und Ungezieferbekämpfung

Die umlegbaren Kosten der Gebäudereinigung beziehen sich nur auf Reinigungskosten der gemeinsam genutzten Gebäudeteile. Nicht umlagefähig sind die Fassadenreinigung oder die Beseitigung von Graffiti und die Reinigung von Gebäudeteilen, die nicht zugänglich sind, z. B. Dächer, Vordächer und Lichtschächte und die Außenflächen der Fenster in Gemeinschaftsräumen (diese sind der Fassadenreinigung zuzurechnen), sowie die Reinigung der Rollläden.

Reinigungskosten, die aus ganz besonderen Verschmutzungen resultieren und nicht regelmäßig anfallen, sind ebenfalls nicht umlegbar.

> **!**   **Beispiel**
>
> Die WEG bekommt eine neue Heizung. Beim Ausbau und Abtransport der alten Ölheizung wird die Treppe vom Keller zum Ausgang derart verschmutzt, dass die Reinigungskraft mit ihrem Latein am Ende ist und eine Spezialreinigung durchgeführt werden muss. Diese Kosten sind nicht umlegbar.

Bei den Reinigungskosten gibt es anerkannte Vergleichsmaßstäbe für die Angemessenheit. Die Rechtsprechung sieht Beträge ab ca. 50 Cent für den Quadratmeter als überhöht an. Auch eine überhöhte Reinigungsintensität wird als nicht angemessen angesehen (z. B. LG Hamburg ZMR 2001, 970).

Wünscht eine WEG zum Beispiel einen dreiwöchentlichen Reinigungsdienst der Fliesenfugen im Treppenhaus mit einer kleinen Bürste inklusive Nachpolieren und duftender Extrapflege, kann sie das gern beschließen. Dann buchen Sie die Aufwendungen in die nicht umlagefähigen Reinigungskosten.

Die Kosten für eine einmalige Ungezieferbekämpfung, egal, ob es sich um Ratten, Tauben, Ameisen oder Motten handelt, sind stets nicht umlegbar. Auch hier ist bei der Wahl des Kammerjägers der wirtschaftliche Aspekt im Auge zu behalten.

2.4.3.5   Kosten der Gartenpflege

Wie bereits weiter oben erwähnt, sind Kosten für die Gartenpflege nur auf diejenigen umlegbar, die zur Nutzung berechtigt sind, wobei die Möglichkeit, eine gepflegte Anlage einfach nur anzusehen, ohne sie tatsächlich zu nutzen, genügt.

In der Regel ist ein Sondernutzungsrecht auch mit der Kostentragung belegt. Kosten, die auf die Sondernutzungsfläche entfallen, werden dem Berechtigten in der Einzelrechnung direkt zugeordnet. Das heißt, in der Gesamtrechnung der WEG erfassen Sie sehr wohl die Aufwendungen für die Gartenpflege in den umlagefähigen Kosten, in der Einzelabrechnung aber nicht.

Die Anschaffungskosten von Gartengeräten jeder Art sowie auch von Spielplatzgeräten gehören nicht zu den umlagefähigen Kosten. Dabei kommt es nicht darauf an, dass auch Nachbarskinder den Spielplatz nutzen und dieser nicht nur den Kindern der WEG zur Verfügung steht. Reparaturen der Garten- und Spielgeräte sind ebenfalls den nicht umlagefähigen Kosten zuzurechnen.

Die Kosten für die Erstbepflanzung oder die Umgestaltung der Gartenanlage sind nicht umlagefähig, ebenso wenig wie die Kosten des Fällens gesunder Bäume. Wie mit den Kosten für das Fällen von Bäumen nach Sturmschäden umzugehen ist, ist umstritten.

Unstrittig ist aber, dass das Fällen **aller** Bäume (das fällt dann unter gärtnerische Umgestaltung), das Fällen, weil Nachbarn sich gestört führen, das Fällen von Bäumen, die aufgrund unsachgemäßer Pflege krank geworden sind, oder das Fällen aufgrund behördlicher Anordnung nicht umlagefähig ist.

Bepflanzte Dächer erfreuen sich immer größerer Beliebtheit und sind auch vielfach Auflage von Baugenehmigungen. Bei den Aufwendungen für die Pflege stehen allerdings die verbesserten Isoliereigenschaften des Daches und nicht etwa eine ansprechende optische Gestaltung im Vordergrund – deshalb sind die Kosten nicht umlagefähig.

Stehen Außenflächen mehrerer WEGs zur Verfügung, zum Beispiel in Form einer gemeinschaftlichen Parkanlage, einer Wiese oder eines Spielplatzes, müssen die Kosten der Pflege hierfür natürlich anteilig umgerechnet werden. In der Praxis funktioniert das so, dass entweder eine WEG die Abrechnungslast trägt, alle Rechnungen bezahlt und diese dann der partizipierenden WEG weiter fakturiert oder dass der Dienstleister gleich bei der Auftragserteilung darum gebeten wird, die Leistung in verschiedene Rechnungen aufzuteilen.

Bei der Abgrenzung der Gartenpflegearbeiten in umlegbare und nicht umlegbare Kosten ist dem Faktor Wirtschaftlichkeit erhöhte Aufmerksamkeit zu widmen. Oftmals gibt es Gartenliebhaber, die hier ihrem Hobby frönen und Aufwendungen verursachen, die nicht mehr verhältnismäßig sind.

Aber es gibt auch den umgekehrten Fall: Lässt eine WEG den Garten jahrelang verwildern, um dann mit einem Schlag alles wieder auf Vordermann bringen zu lassen, können diese Kosten nicht vollständig den umlagefähigen Kosten zugerechnet werden, sondern müssen vielmehr in einen umlagefähigen und einen nicht umlagefähigen Teil aufgeteilt werden. Konkrete Aussagen dazu können hier nicht gemacht werden. Sollte sich in der Buchhaltung ein solcher Fall widerspiegeln, gehen Sie einfach mit gesundem Menschenverstand vor, schauen Sie, was bei vergleichbaren Objekten anfällt und nehmen Sie dann Ihre Aufteilung vor.

Zu beachten ist immer, dass die Kosten für Gartenarbeiten von Jahr zu Jahr stark schwanken können. Oftmals herrschen im Sommer nahezu subtropische Verhältnisse, die nicht nur Nutzpflanzen, sondern sämtliches Unkraut über Gebühr sprießen lassen. Hier ist es durchaus angeraten, zusätzliche Pflegegänge zu beauftragen, die dann auch zu dem umlegbaren Kosten gehören.

2.4.3.6   Kosten für Beleuchtung

Alle Stromkosten, die nicht für die Allgemeinbeleuchtung anfallen, sind bei den jeweiligen Kostenarten zu berücksichtigen. Insbesondere der Heizstrom ist bei den Heizkosten anzusetzen.

Die Kosten für Leuchtmittel, Glühbirnen, LEDs usw. sowie die Kosten für das Auswechseln der Leuchtmittel durch den Hausmeister gehören zu den nicht umlagefähigen Reparaturen bzw. Instandhaltungskosten.

2.4.3.7   Kosten für Sachversicherungen

Nicht umlagefähig sind alle Versicherungen, bei denen die Abdeckung eines persönlichen Risikos im Vordergrund steht.

2.4.3.7.1   Kosten der Vermögensschadenhaftpflichtversicherung

Diese für die Beiräte abgeschlossene Versicherung ist weder mit der Haftpflichtversicherung der WEG zu verwechseln noch mit der Vermögensschadenshaftpflichtversicherung, die der Verwalter zwingend abzuschließen hat.

§ 29 WEG bestimmt, dass der Verwaltungsbeirat den Verwalter bei der Durchführung seiner Aufgaben unterstützt und überwacht. Der Wirtschaftsplan und die Jahresrechnung sollen vom Verwaltungsbeirat geprüft und mit dessen Stellungnahme versehen werden. Der Beirat hat seit der Neufassung des WEG-Rechts eine größere Bedeutung und haftet insbesondere bei Verletzung der Kontrolle des Verwalters.

Wird der Beirat von der Wohnungseigentümergemeinschaft wegen Verletzung der ihm auferlegten Pflichten haftbar gemacht, erstreckt sich diese Haftung sogar im Extremfall auf dessen Privatvermögen. Daher ist der Abschluss einer Vermögensschadenshaftpflichtversicherung durchaus anzuraten. Eine verantwortungsbewusste Wohnungseigentümergemeinschaft wird diese Entscheidung mittragen.

2.4.3.7.2   Mietausfallversicherung

Wenn die Mietausfallversicherung **nicht** als Teil der Wohngebäudeversicherung, sondern als eigenständige Versicherung abgeschlossen wird, gehören die Gebühren hierfür zu den nicht umlagefähigen Kosten.

2.4.3.7.3   Rechtsschutzversicherung

In Gablers Wirtschaftslexikon[3] wird die Rechtschutzversicherung so definiert: Die Rechtsschutzversicherung ist ein Zweig der Schadensversicherungen. Sie erbringt und vermittelt Dienstleistungen zur Wahrnehmung rechtlicher Interessen und trägt

---

3   Vgl. https://wirtschaftslexikon.gabler.de/definition/rechtsschutzversicherung-51521

nach Eintritt eines Rechtsschutzfalls im vereinbarten Umfang, maximal bis zur vereinbarten Versicherungssumme, die Kosten der Rechtsverfolgung. Die Kostenübernahme kann sich grundsätzlich von einer anwaltlichen Erstberatung, die auf telefonischem Wege insbesondere zur Vermeidung späterer Rechtsstreitigkeiten häufig bereits rein vorsorglich (ohne Eintritt eines Rechtsschutzfalls) angeboten wird, bis zur Durchführung eines gerichtlichen Verfahrens über mehrere Instanzen erstrecken. Versicherte Kosten sind insbesondere Rechtsanwaltsgebühren, Gerichtskosten einschließlich der Entschädigung für Zeugen und Sachverständige, die vom Gericht herangezogen werden, aber auch Kosten außergerichtlicher Streitschlichtungsverfahren.

Diese Kosten gehören zu den nicht umlagefähigen.

2.4.3.7.4   Hausratversicherung

Die Hausratversicherung schützt den Verlust von beweglichen Gegenständen bei Brand, Leitungswasserschaden, Einbruch und Schäden durch Unwetter.

Die meisten Leitungswasserschäden sind durch die Gebäudeversicherung abgedeckt. Die Gebäudeversicherung deckt aber nur die Leitungswasserschäden am Gebäude selbst. In der Hausratversicherung sind die Leitungswasserschäden abgedeckt, die **am Inventar** durch nicht bestimmungsgemäßen Austritt von Wasser entstehen.

Große Bedeutsamkeit kommt im Zusammenhang mit der Leitungswasserversicherung der Formulierung »bestimmungswidriges Austreten« zu. Diese Vertragsklausel setzt voraus, dass ein Schaden durch Leitungswasser entstanden ist, das entgegen der Bestimmung, also ohne bzw. gegen den Willen der Eigentümer ausgetreten ist. Damit wird vorsätzliches Handeln als Schadensursache ausgeschlossen. Sollten beispielsweise Kinder einen Leitungswasserschaden verursachen, kann ebenfalls ein bestimmungswidriges Austreten vorliegen.

Typische Ursachen für ein bestimmungswidriges Austreten von Leitungswasser sind außerdem technische Defekte oder Verschleiß:
* durchgerostete Rohre, Heizungskörper oder Verbindungsstücke
* undichte Ventile
* geplatzte Zuleitungen von Haushaltsgeräten
* verstopfte Abflüsse

Eine weitere typische Ursache sind Überschwemmungen durch nicht grob fahrlässig offengelassene Zuleitungen.

Bei Frostschäden handelt es sich um aufgrund eines Temperatursturzes eingefrorene Rohre oder Installationen. Nicht nur die beschädigten Teile an sich können dabei Reparaturkosten verursachen, auch die Folgeschäden von unentdeckten abgetauten Frostschäden können immens sein. Der Schutz über eine Leitungswasserversicherung beschränkt sich also nicht auf flüssiges Leitungswasser allein, sondern deckt auch viele Risiken ab, die durch gefrorenes oder verdampftes Leitungswasser drohen.

In der Regel werden Frostschäden, die als Folge grober Fahrlässigkeit entstanden sind, nicht reguliert. Wenn Sie zum Beispiel im Winter Außenwasserhähne nicht entsprechend trockenlegen oder ein Gebäude oder Gebäudeteil gar nicht heizen, sodass dort Frostschäden an Leitungssystemen entstehen, lehnen die meisten Versicherer die Schadensregulierung ab.

Die Hausratversicherung gehört zu den nicht umlagefähigen Kosten.

2.4.3.7.5   Reparaturversicherung

Genauso wenig, wie Reparaturen umlegbar sind, sind es die Prämien für eine Versicherung, die diese Kosten im Bedarfsfall übernimmt.

2.4.3.7.6   Versicherungsschäden

In der WEG-Buchhaltungspraxis tauchen vielfach sogenannte Versicherungsschäden auf, also Schäden, die durch die Versicherung übernommen werden. Im Idealfall wird der gesamte Schaden erstattet. Es besteht in der Praxis immer wieder Uneinigkeit, wie ein solcher Schaden und die Erstattung zu buchen sind.

Im Handelsrecht gibt es das sogenannte Saldierungsverbot. Es ist geregelt in § 246 Abs. 2 HGB, gehört zu den sogenannten Grundsätzen ordnungsgemäßer Buchführung (GoB) und bestimmt u. a., dass Aufwendungen nicht mit Erträgen verrechnet werden dürfen.

§ 246 Vollständigkeit. Verrechnungsverbot

(2) Posten der Aktivseite dürfen nicht mit Posten der Passivseite, Aufwendungen nicht mit Erträgen, Grundstücksrechte nicht mit Grundstückslasten verrechnet werden. Vermögensgegenstände, die dem Zugriff aller übrigen Gläubiger entzogen sind und ausschließlich der Erfüllung von Schulden aus Altersversorgungsverpflichtungen oder vergleichbaren langfristig fälligen Verpflichtungen dienen, sind mit diesen Schulden zu verrechnen; entsprechend ist mit den zugehörigen Aufwendungen und Erträgen aus der Abzinsung und aus dem zu verrechnenden Vermögen zu verfahren. Übersteigt der beizulegende Zeitwert der Vermögensgegenstände den Betrag der Schulden, ist der übersteigende Betrag unter einem gesonderten Posten zu aktivieren.

Bezahlt der WEG-Buchhalter eine Rechnung über einen Versicherungsschaden, ist zu buchen:

- Versicherungsaufwand Soll
- an Bank Haben

Wird der Schaden von der Versicherung erstattet, ist zu buchen:

- Bank Soll
- an Versicherungsertrag Haben

❗ Beispiel

Ein Schaden von 1.500 Euro wird mit 1.200 Euro reguliert.

S	Versicherungsaufwand	H
1.500,00 €		

S	Bank	H
1.200,00 €		1.500,00 €

S	Versicherungsertrag	H
		1.200,00 €

Manch praktischer WEG-Buchhalter bucht Versicherungsschäden sowie die Erstattung durch die Versicherung auf dasselbe Konto, d. h. alles landet auf dem Konto »Versicherungsschäden«. Die T-Konten sehen dann so aus:

S	Versicherungsaufwand	H
1.500,00 €		1.200,00 €
Saldo 300,00 €		

S	Bank	H
1.200,00 €		1.500,00 €

Werden alle Kosten erstattet, ist der Saldo des Kontos null. Es ist in der Hausgeldabrechnung nicht ersichtlich, dass überhaupt Schäden entstanden sind. Nur im Falle einer Selbstbeteiligung bliebe der nicht bezahlte Betrag auf dem Versicherungsaufwandskonto.

Da die Vorschriften des HGB nicht für die WEG-Buchhaltung gelten, ist eine solche Vorgehensweise eventuell möglich. Es gelten aber die allgemeinen ausgeführten Grundsätze. Aus Gründen der Transparenz ist es keinesfalls empfehlenswert, nach GoB zweifelhaft. Beachten Sie deshalb konsequent das Saldierungsverbot.

Die Selbstbeteiligung hat immer die WEG zu tragen, auch wenn der Schaden im Sondereigentum entstanden ist. Eine Überwälzung auf den Sondereigentümer wurde verneint.

2.4.3.8   Hausmeisterkosten

Bei den Hausmeisterkosten gibt es die größten Streitpunkte darüber, ob Kosten zu den umlagefähigen oder zu den nicht umlagefähigen gehören. § 2 Nr. 14 BetrKV definiert:

> 14. die Kosten für den Hauswart,
> hierzu gehören die Vergütung, die Sozialbeiträge und alle geldwerten Leistungen, die der Eigentümer oder Erbbauberechtigte dem Hauswart für seine Arbeit gewährt, soweit diese nicht die Instandhaltung, Instandsetzung, Erneuerung, Schönheitsreparaturen oder die Hausverwaltung betrifft; soweit Arbeiten vom Hauswart ausgeführt werden, dürfen Kosten für Arbeitsleistungen nach den Nummern 2 bis 10 und 16 nicht angesetzt werden.

Hier ist die Abgrenzung nicht klar erkennbar. Jeder Hausmeister führt Kleinreparaturen durch, ist im Rahmen anderer (umlegbarer) Kosten tätig und verrichtet Verwalteraufgaben.

Im Einzelnen entstehen Kosten für den Hausmeister in folgenden Bereichen:

1. **Gartenpflege**
   Das beinhaltet auch Materialkosten für eventuelle Ersatzpflanzungen sowie für das Streumaterial und auch für das Sauberhalten des Spielplatzes.
2. **Wasser**
   Durch Überwachung der Wasseraufbereitungsanlagen, Ersatz von Trinkwasserfiltern usw.
3. **Aufzug**
   Durch Überwachung.
4. **Heizung**
   Durch Ablesung der Zählerstände, Überwachung des Brennstoffvorrats und der Beschaffung von Heizöl oder Pellets, Überwachung der Heizung.
5. **Straßenreinigung**
   Wenn er den Gehweg fegt oder den Winterdienst übernimmt.
6. **Müll**
   Zum Beispiel durch Bereitstellen der Müllbehälter oder regelmäßiger Sperrmüllentsorgung.

Grundsätzlich sind in der Buchhaltung die Hausmeisterkosten zugunsten des jeweiligen Kostenkontos zu entlasten.

Buchungssatz:
- Kosten für Gartenarbeiten/Wasser/Heizung ... Soll
- an Hausmeisterkosten Haben

! **Achtung**

Hier befinden wir uns bei den umlagefähigen Kosten.

Ist der Hausmeister aber mit Instandhaltungsarbeiten in Form von kleineren Reparaturen, oder mit dem Auswechseln von Glühbirnen usw. beschäftigt, sind diese Beträge auch umzubuchen.

Buchungssatz:
- (nicht umlagefähige) Reparaturen Soll
- an Hausmeisterkosten Haben

Der Hausmeister überwacht die Hausordnung und führt regelmäßige Kontrollgänge durch, bei denen z. B. die Fluchtwege überprüft, Fenster verschlossen, das unerlaubte Abstellen von Gegenständen dokumentiert, die allgemeine Verkehrssicherheit geprüft sowie Mängel festgestellt werden. Diese Kontrollen gehören ebenfalls zu den umlagefähigen Kosten. Erstrecken sich diese Kontrollen aber auf den Gesamtzustand des Gebäudes, müssen sie auf nicht umlagefähige Hausmeisterkosten umgebucht werden.

Der Hausmeister erbringt nicht umlagefähige Verwaltungskosten, wenn er Klingelschilder anbringt, Reklamationen weiterleitet und Waschmaschinenmünzen einsammelt oder ausgibt.

Zu den nicht umlagefähigen Kosten gehören auch die Hausmeisterkosten, die während eines Noteinsatzes erbracht werden, z. B. weil ein Wasserrohr bricht. Dasselbe gilt, wenn der Hausmeister die Kosten oder die Miete für Gerätschaften oder aber Auslagen für seine Arbeitskleidung erstattet bekommt. Hier sind zwingend die Hausmeisterkosten um den nicht abzugsfähigen Teil zu mindern.

Es ist durchaus hilfreich, wenn die WEG mit dem Hausmeisterservice zwei getrennte Verträge abschließt, in denen klar geregelt ist, welches Entgelt für welche (umlagefähigen oder nicht umlagefähigen) Dienstleistung entrichtet wird, oder aber dies mittels eines Leistungsverzeichnisses darzulegen. Die Gerichte urteilen völlig unterschiedlich über den Anteil der umlagefähigen Kosten, sodass die WEG hier gut beraten ist, von vornherein klare Vereinbarungen zu treffen.

Hausmeisterkosten dürfen aber nicht deshalb den nicht umlagefähigen Kosten zugerechnet werden, weil die Leistung nur unzureichend erbracht wurde. Extremfälle bleiben hiervon ausgenommen. Der Nachweis wird schwer oder gar nicht erbracht werden können.

2.4.3.9   Kosten des Kabelanschlusses

Nicht umlegbar sind die Kosten für die erstmalige Installation bzw. den Teil der Miet-
kosten, der auf die Anschaffung entfällt.

2.4.3.10   Kosten der Wäschepflege

Nicht umlegbar sind die Anschaffungskosten für die Waschmaschine oder den Wä-
schetrockner oder Bügelgeräte, die Reparaturen dieser Geräte sowie alle mit der Abrechnung des Zwischenzählers verbundenen Kosten.

2.4.3.11   Sonstige Betriebskosten

Zu den sonstigen nicht umlagefähigen Betriebskosten gehören immer alle Kosten,
die über ein vernünftiges wirtschaftliches Maß hinausgehen.

Des Weiteren wurden in der Rechtsprechung als nicht umlagefähig deklariert (vgl.
Dietmar Wall, Betriebs- und Heizkostenkommentar, 5. Aufl., S. 783 ff.):
- Reinigung und Dichtigkeitsprüfung von Abflussrohren
- Kosten für die Dachrinnenheizung (sie soll eine Bildung von Eis verhindern, ver-
ursacht aber sehr hohe Stromkosten)
- nur gelegentliche Dachrinnenreinigung
- Fassadenreinigung, z. B. durch Hochdruckreiniger/Graffitientfernung
- Anschaffungskosten für Feuerlöscher
- Kosten für die Überprüfung der Klingelanlage
- Filter für Lüftungsanlagen
- Conciergeleistungen zur Verhinderung von Vandalismusschäden
- Kosten für CO_2-Patronen, Akkus und Batterien von Rauch- und Wärmeabzugs-
anlagen
- Miete oder Anschaffung von Rauchwarnmeldern
- gesetzlich nicht vorgeschriebene Notstromaggregate für Sicherheitsbeleuchtungen
- Überprüfungskosten für Überwachungskameras oder Alarmanlagen, die instal-
liert werden, um Vandalismusschäden oder Einbrüche zu verhindern, sowie Kosten eines Sicherheits- oder Wachdienstes. Hier steht der Schutz des Eigentums
im Vordergrund. Dies ist nicht umlagefähig.

Bei gemischt genutzten Grundstücken ist überdies darauf abzustellen, ob die Kosten eventuell nur durch die gewerblichen Einheiten bedingt sind.

2.4.3.12   Kosten der Verwaltung

Alle Kosten, die mit der Verwaltung des Objekts zusammenhängen, sind nicht umlagefähig. Dazu gehören nicht nur die laufenden Verwalterkosten, sondern z. B. auch die Kosten einer Verwalterzustimmung bei Eigentumswechsel, wenn diese in der Teilungserklärung vorgesehen ist. Der Verwalter muss in diesem Fall die Bonität des Erwerbers prüfen, dann persönlich beim Notar erscheinen und seine Zustimmung zum Kauf geben. Die Zustimmungserklärung ist kostenpflichtig, die Kosten hat die Eigentümergemeinschaft zu tragen.

2.4.3.13   Aufwandsentschädigung für den Beirat

Zu den Aufgaben des Beirats gehört die Prüfung der Hausgeldabrechnung. Je nach Größe des Objekts kann dies ein komplexer und aufwendiger Vorgang sein. Inhalt, Art und Weise hängen vom Ermessen des Beirats ab. Er bestimmt insbesondere selbst, ob die Belegprüfung stichprobenartig oder vollumfänglich erfolgt. In der Regel prüft er aber, ob alle Bankkontoauszüge vorliegen, ob die Rechnungen korrekt sind (Leistungsnachweise – betreffen alle Rechnungen das Gemeinschaftseigentum?) und ob Rückstände bei den Hausgeldzahlungen vorliegen. Für diese Prüfung zahlt die Gemeinschaft in vielen Fällen eine Aufwandsentschädigung. Diese ist nicht umlagefähig.

2.4.3.14   Kosten der (virtuellen) Saalmiete
für die Eigentümerversammlung

Im Zuge fortschreitender Digitalisierung hat der Gesetzgeber bestimmt, dass die Eigentümerversammlungen auch virtuell stattfinden können, wenn die Gemeinschaft es vorher so beschlossen hat. Dazu können auch virtuelle Räume »gemietet« werden. Der Verwalter hat bei der Durchführung regelmäßig erhöhte Aufwendungen durch die Vorbereitung, die er der Gemeinschaft in Rechnung stellt. Diese Kosten für die virtuelle Saalmiete und die Auslagen des Verwalters sind ebenso wie die Saalmiete im Nebenzimmer des »Ochsen« als nicht umlagefähig zu behandeln.

Auch hier buchen wir:
- Kosten für Verwaltung/Beirat/Saalmiete … Soll
- an Bank Haben

2.4.3.15   Zinsen, Bankgebühren, Kapitalertragsteuer

Wohnungseigentümer können grundsätzlich über eine Kreditaufnahme beschließen. Hier genügt übrigens sogar ein Mehrheitsbeschluss nach § 21 Abs. 3 WEG. Allerdings muss dies den Grundsätzen ordnungsgemäßer Verwaltung entsprechen. Alle hiermit verbundenen Aufwendungen wie Zinsen, Bankgebühren und später auch Tilgungsleistungen sind nicht umlegbar.

Wird ein Kredit aufgenommen, fließt er der WEG zu. Der Buchungssatz lautet:
- Bank Soll
- an Darlehen Haben

Beide Konten sind per se Bilanzkonten. Das heißt, sie würden sich beide nicht auf die Hausgeldabrechnung auswirken. Da die WEG-Buchhaltung aber eine Zufluss-Abfluss-Rechnung ist, muss das Darlehen als Gegenposten zu den dafür getätigten Investitionsaufwendungen dargestellt werden; der Aufwand für die Investition muss »neutralisiert« werden.

Oftmals wird ein Darlehen nicht in voller Höhe ausbezahlt. Es wird vielmehr ein Teil von der Bank als vorweggenommene Gebühren einbehalten. Dies nennt man »Damnum« oder »Disagio«. Wird z. B. ein Kredit in Höhe von 100.000 Euro unter Vereinbarung einen Disagios von 1.000 Euro aufgenommen, fließen nur 99.000 Euro zu. Es sind aber 100.000 Euro zurückzuzahlen.

Hier sind zu buchen:
- Bank Soll 99.000 Euro
- Disagio (Aufwandskonto – wie Zinsaufwand) Soll 1.000 Euro
- an Darlehensaufnahme Haben 100.000 Euro

Das Darlehen ist in voller Höhe (100.000 Euro) auszuweisen, auch wenn es durch die Einbehaltung des Disagios (auch »Damnum« genannt) nicht vollumfänglich ausbezahlt wurde.

Grundsätzlich wäre es zulässig, die Kosten für das Disagio auf die Laufzeit des Darlehens zu verteilen. Hätte es beispielsweise eine Laufzeit von zehn Jahren, wären jedes Jahr 100 Euro als Zinsaufwand zu verteilen.

In der klassischen Buchführung wäre jedes Jahr zu buchen:
- Zinsaufwand 100 Euro Soll
- an Disagio (Bilanzkonto) Haben

Dies gilt nicht für die WEG – hier fließt das Darlehen zu, die Tilgungsleistungen und das Disagio fließen ab.

Da die Buchhaltung der WEG eine reine Zufluss-Abfluss-Rechnung ist und auch die Grundsätze der Buchführung der Einnahmenüberschussrechner nicht auf sie anwendbar sind, muss das Damnum ein (Zins-)Aufwandskonto sein, das bereits im Jahr der Darlehensaufnahme (im Beispielsfall in Höhe von 1.000 Euro) zu berücksichtigen ist. Hier ist es aus Gründen der Transparenz empfehlenswert, ein Extrakonto anzulegen und nicht das Konto Zinsaufwand zu verwenden, auch wenn es inhaltlich korrekt wäre. Damnum ist immer vorausbezahlter Zinsaufwand.

Von der Rechtsprechung wurde dies inzwischen als unangemessene Benachteiligung des Kunden im Sinne der AGB-Bestimmungen des BGB zumindest bei Hypothekendarlehen angesehen.

Das Darlehen erscheint immer in voller Höhe im Vermögensbericht. Der mit dem Darlehen finanzierte Vermögensgegenstand (z. B. Heizung) erscheint **nicht** im Vermögensbericht. Der Gegenstand ist im Jahr der Anschaffung Aufwand (wie alle Investitionen).

2.4.3.16   Rechtsanwalts- und Gerichtskosten

Insbesondere neue WEGs müssen häufig Baumängel im Rahmen eines Beweissicherungsverfahrens gerichtlich durchsetzen. Hier fallen Rechtsanwalts-, Gutachter- und

Gerichtskosten an, die von der Gemeinschaft zu tragen sind. Auch sind Fälle denkbar, in denen ein Miteigentümer seinen Zahlungsverpflichtungen bezüglich des Hausgelds nicht nachkommt und ein Rechtsanwalt oder Inkassobüro mit der Beitreibung der Kosten beauftragt wird. Außerdem kommt es vor, dass ein Eigentümer die Gemeinschaft zu einem Handeln oder Unterlassen auffordert und diese sich der Forderungen erwehren muss.

Alle diese Kosten sind nicht umlagefähig.

2.4.3.17   Unberechtigte Kosten

Nehmen wir an, der überforderte Verwalter erkennt nicht, dass die Reparatur in der WEG Goethestraße tatsächlich die WEG Lessingstraße betroffen hat. Er hat sie tatsächlich vom Bankkonto der WEG Goethestraße entrichtet. Jetzt erscheinen in der Hausgeldabrechnung Goethestraße die »Reparaturen Lessingstraße«. Das wäre grundsätzlich aber kein Grund, der Jahresabrechnung die Genehmigung zu verweigern. Es ist aber unabdingbar, dass diese Kosten in der Jahresabrechnung dokumentiert werden. Diese unberechtigten Kosten werden zunächst auf die Wohnungseigentümer verteilt und anschließend wieder beim Schuldner eingetrieben. Der Verwalter muss über jede Ausgabe Rechenschaft ablegen, denn nur so ist Transparenz gewährleistet.

Zu den unberechtigten Ausgaben gehören z. B. auch veruntreute Gelder oder Kosten, die im Sondereigentum entstanden sind.

!   **Beispiel**

Kauft sich der flotte Verwalter Ferdinand Vielfrass einen Porsche vom WEG-Vermögen ist das **zwingend** in die Buchhaltung aufzunehmen (auf strafrechtliche Konsequenzen wird hier nicht eingegangen).

Wurden irrtümlich – oder bewusst – Kosten, die eigentlich dem Sondereigentum zuzurechnen sind (z. B. Wasserhahn in der Küche), übernommen, kann ein Ausgleich in der Jahresrechnung direkt auf dem Personenkonto des betreffenden Miteigentümers erfolgen. Die Ausgabe ist insgesamt in der Gesamtabrechnung aufzunehmen, wird aber innerhalb der Personenkonten (s. Kapitel 2.7) direkt dem betreffenden Eigentümer zugerechnet.

Beispiel   **!**

Von der Bank sind 200 Euro für den Küchenwasserhahn der Wohnung des Eigentümers Willi Wurstig abgeflossen.

Dann buchen Sie:

- Kosten im Sondereigentum Soll 200 Euro
- an Bank Haben 200 Euro

Diese Kosten im Sondereigentum müssen direkt dem Eigentümer zugerechnet werden.

In der **Gesamtrechnung** erscheinen die Ausgaben so:

	Banksaldo 01.01., z. B. 1.000 Euro
+	Hausgelder, z. B. 2.000 Euro
−	Kosten, z. B. 1.800 Euro
−	Kosten im Sondereigentum 200 Euro
=	Banksaldo 31.12. 1.000 Euro

In der Einzelabrechnung erscheinen bei allen Miteigentümern die Beträge:

- Kosten 1.800 anteilig auf z. B. 48/1.000 MEA 86,40 Euro
- Kosten Sondereigentum 200 davon anteilig 0,00 Euro

Und nur in der Einzelabrechnung von Willi Wurstig erscheint:

- Kosten 1.800 anteilig auf z. B. 60/1.000 MEA 108,00
- Kosten Sondereigentum, 200 davon anteilig 200,00 Euro

Diese Kosten werden dann selbstverständlich dem (anteiligen) Hausgeld gegengerechnet.

2.4.4   Zusammenfassung

Die Buchführung der WEG ist eine reine Zufluss-Abfluss-Rechnung mit Ausnahme der Heizkosten gemäß Heizkostenverordnung, die nach dem Verursachungsprinzip im Kalenderjahr (01.01. bis 31.12.) berücksichtigt werden. Die WEG-Buchführung ist daher ein Zwitter der Buchführungswelten, weil zwei völlig unterschiedliche Rechnungslegungsprinzipien vermengt werden.

Alle Ausgaben sind darzustellen, auch wenn sie unberechtigt vorgenommen wurden. Unberechtigte Ausgaben im Sondereigentum sind in der Gesamtrechnung auszuweisen und in der Einzelrechnung dem jeweiligen Sondereigentümer zuzurechnen.

Wir unterscheiden umlagefähige und nicht umlagefähige Kosten. Umlagefähige Kosten können dem Mieter weiterberechnet werden. Hierbei ist aber Vorsicht geboten: Es ist auf den Mietvertrag und die einschlägigen gesetzlichen Bestimmungen zu achten.

Umgekehrt dürfen keine Einnahmen dargestellt werden, die möglicherweise entstehen werden, z. B. Schadenersatzforderungen.

Der Abrechnungszeitraum ist immer das Kalenderjahr. Die Abrechnung beinhaltet:
- Gesamtabrechnung
- Einzelabrechnung
- Rücklagenentwicklung
- Vermögensbericht

Eventuell können auch die haushaltsnahen Dienstleistungen ausgewiesen werden.

2.5   Exkurs: Zahlung der Ausgaben

In der Praxis werden die Kosten nicht dann erfasst, wenn sie dem Bankkonto belastet werden, denn in der Praxis wäre jeder Buchhalter überfordert, jede Rechnung einzeln und manuell zu überweisen. Vielmehr werden die Zahlungen zusammengefasst und maschinell überwiesen. Das Ganze geschieht mittels moderner EDV-Systeme und kann am einfachsten anhand eines Beispiels erklärt werden:

!

Beispiel

Eine WEG erhält im Laufe des Monats die Rechnung des Hausmeisters in Höhe von 250 Euro, die Abschlagsrechnung des Energieversorgers für Heizung von 300 Euro und für Wasser von 100 Euro, eine Reparaturrechnung in Höhe von 1.500 Euro. Sie muss außerdem noch die Verwaltergebühr in Höhe von 70 Euro bezahlen. Der eifrige WEG-Buchhalter hat die Rechnungen bereits erfasst. Er bucht:
- Kosten des Hausmeisters 250 Euro Soll
- an Kreditor Hausmeister Krause 250 Euro Haben
- Heizung 300 Euro Soll
- an Kreditor ENBW 300 Euro Haben
- Wasser 100 Euro Soll
- an Kreditor Badenova 100 Euro Haben

- Instandhaltung 1.500 Euro Soll
- an Kreditor Maler Müller 1.500 Haben
- Verwaltergebühr 70 Euro Soll
- an Kreditor BVG Euro 70 Euro Haben

Achtung, Sie lesen richtig! Wir haben gelernt, dass die WEG-Buchhaltung keine Verbindlichkeiten kennt. Wie wir auch inzwischen wissen, sind Kreditoren Unterkonten des Kontos Verbindlichkeiten. Dennoch wird dieser »Trick« angewendet. Die Dienstleister und Lieferanten treten in der Regel ja nicht nur einmal auf, sondern erbringen nachhaltig ihre Leistungen. So legt der Buchhalter einmal den Maler Meier als Kreditor an – und mit ihm alle Zahlungskonditionen sowie die Bankverbindung.

Damit ist nicht bei jeder Zahlung wieder nachzulesen, wie hier die Konditionen sind. Damit hat man auch eine Kontrolle über die noch offenstehenden Posten (OPs).

Als nächsten Schritt macht unser Buchhalter seinen »Zahllauf«. Vom EDV-Programm wird ein automatischer Zahlvorschlag generiert. Dieser berücksichtigt alle Zahlungskonditionen, die zuvor in den Kreditorenkonten hinterlegt wurden. Gewährt Maler Müller bei der Zahlung innerhalb von zehn Tagen Skonto, wird diese Zahlung innerhalb der Frist vorgeschlagen. Wurde die Frist versäumt, schlägt das Programm die Zahlung erst innerhalb von 30 Tagen vor. Der WEG-Buchhalter wählt nun per Mausklick die zu überweisenden Zahlungen aus. Diese werden dann zusammengefasst und automatisch auf ein Zahlungsverkehrskonto gebucht. Das Programm bucht also im Hintergrund:
- Kreditor Hausmeister Krause 250 Euro Soll
- Kreditor ENBW 300 Euro Soll
- Kreditor Badenova 100 Euro Soll
- Kreditor Maler Müller 1.500 Euro Soll
- Kreditor BVG 70 Euro Soll
- an Zahlungsverkehrskonto 2.220 Euro Haben

Diese Beträge werden per Sammelüberweisung an die Bank transferiert. Zum Zeitpunkt der Zahlung muss nur noch das Zahlungsverkehrskonto bebucht werden. Der Buchungssatz lautet also:
- Zahlungsverkehrskonto 2.220 Euro Soll
- an Bank 2.220 Euro Haben

In Form von T-Konten sehen diese Vorgänge dann so aus:

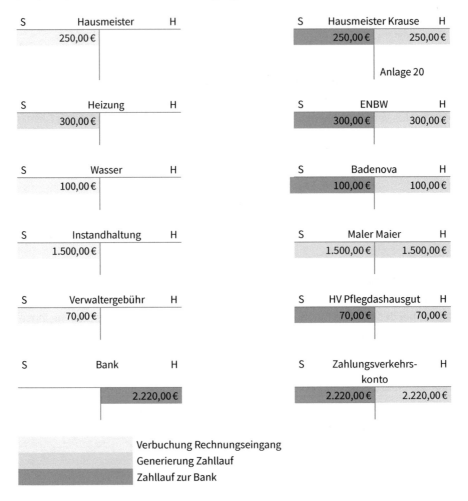

Verbuchung Rechnungseingang
Generierung Zahllauf
Zahllauf zur Bank

Zu dem Zeitpunkt, zu dem die Rechnungen zur Zahlung ausgewählt wird, werden die Kreditoren ausgeglichen. Mit dem Zeitpunkt der Zahlung steht dann auch das Zahlungsverkehrskonto auf null. Es wird quasi nur als Zwischenkonto eingeschoben. Somit werden in der Hausgeldabrechnung alle Buchungen korrekt abgebildet: Weder das Zahlungsverkehrskonto noch die Kreditoren erscheinen in der Hausgeldabrechnung, wohl aber die Kosten so, wie sie bezahlt (geflossen) sind.

Wir haben aber entscheidende Vorteile:

1. Wir haben immer einen Überblick darüber, welche Rechnungen offen sind. Sie sind in der Nebenbuchhaltung abgebildet. Dies funktioniert im Prinzip – mit umgekehrtem Vorzeichen – wie bei den Eigentümer-(Forderungs-)Konten.

2. Alle Zahlungskonditionen sind gespeichert. Es muss nicht bei jeder Rechnung einzeln entschieden werden, was wann bezahlt wird. Allerdings sind die Vorschläge **immer** vom sorgfältigen Buchhalter zu kontrollieren.

3. Dennoch ist dieses Vorgehen (Sammelüberweisung und hinterlegte Zahlungsbedingungen) viel weniger aufwendig, als jede Rechnung einzeln zu bezahlen und zu buchen, denn bei der Belastung auf dem Bankkonto ist nur ein Betrag gegen das Zahlungsverkehrskonto zu buchen.

Vorsicht, Falle   !

In der Praxis erlebt man es manchmal, dass ein Lieferant mahnt, obwohl sein Kreditorenkonto ausgeglichen ist – was ist da passiert?
Nur der Kreditor ist bezahlt, bei dem die Bankbelastung »geklappt« hat. Ist z. B. eine falsche IBAN hinterlegt, kann die Banksoftware das entsprechende Konto nicht finden – die Zahlung wird dann nicht ausgeführt. Auf dem Kreditorenkonto wird der Betrag als bezahlt dargestellt, aber er ist in der Tat noch auf dem Zahlungsverkehrskonto.

Der aufmerksame Buchhalter sollte daher immer die Bankbelastungen kontrollieren.

Merke   !

Das Zahlungsverkehrskonto muss wie das Geldtransitkonto regelmäßig abgestimmt, d. h. überprüft, werden. Es muss immer einen Nullsaldo aufweisen.

2.6   Umlageschlüssel

Grundsätzlich bezeichnet man als »Umlage« eine Verteilung von Kosten anhand von Kennzeichen oder Schlüsseln. Das Gegenteil der Umlage ist die Verrechnung.

In der WEG-Buchführung wird mittels des Umlageschlüssels festgelegt, wie die Betriebs- und Bewirtschaftungskosten auf die einzelne Wohnung (Einheit) umgelegt werden. Die Art des Umlageschlüssels muss auf jeder Abrechnung ersichtlich sein. Darüber hinaus sollte in jeder Abrechnung eine Schlüssellegende zu finden sein.

In den letzten Kapiteln haben wir erarbeitet, welche (umlegbaren und nicht umleg-baren) Kosten in der Gesamtrechnung der Wohnungseigentümergemeinschaft ab-gerechnet werden. Diese müssen auf die einzelnen Wohnungen (auch »Einheiten« genannt) in der Einzelabrechnung des Sondereigentümers umgelegt werden. Nur diese Einzelabrechnung ist zwingend zu erstellen. Die Gesamtrechnung ist nach dem neuen WEG-Recht nicht mehr Pflicht, ihre Erstellung ist aber empfehlenswert.

Die Umlageschlüssel müssen definiert werden und dürfen – mit Ausnahme der Heiz- und Heiznebenkosten, die immer nach dem Verbrauch umgelegt werden müssen – von der Eigentümergemeinschaft frei gewählt werden. Um einen anderen als den MEA-Schlüssel zu verwenden, bedarf es aber immer eines Beschlusses der Eigen-tümergemeinschaft.

Die Teilungserklärung ist im WEG-Recht die Erklärung des Grundstückseigentümers gegenüber dem Grundbuchamt, dass das Eigentum an dem Grundstück in Mit-eigentumsanteile aufgeteilt wird. In dieser **Teilungserklärung** einer WEG sind die jeweiligen **Miteigentumsanteile (MEA)** bestimmt. Diese werden auch im Grundbuch eingetragen. Die Miteigentumsanteile definieren sich nach dem jeweiligen Anteil des jeweiligen Sondereigentums im Verhältnis zu allen Sondereigentumseinheiten der jeweiligen Eigentümergemeinschaft. Nach diesem Verhältnis wird dann auch der jeweilige Anteil am Gemeinschaftseigentum definiert. Die so festgestellten Mit-eigentumsanteile repräsentieren den Anteil des Eigentums, den der einzelne Mit-eigentümer an der Eigentumsgemeinschaft hat.

Diese Miteigentumsanteile werden bei der Umwandlung des Eigentums vom teilen-den Eigentümer (das ist in der Regel der Bauträger) in einer Teilungserklärung für jedes einzelne Sondereigentum, also jede einzelne Wohnung, festgelegt. Sie können theoretisch frei bestimmt werden. Die Miteigentumsanteile werden meist in Form von Bruchteilen als Anteile an 1.000 angegeben, wobei 1.000 das gesamte Grundstück ab-bildet. Bei großen Objekten kann es auch zu einer Teilung in Bruchteilen von 10.000 kommen. Diese **Miteigentumsanteile** fungieren in der Regel als **Verteilungsschlüssel**.

In § 16 WEG ist dazu geregelt:

§ 16 Nutzungen und Kosten

(1) Jedem Wohnungseigentümer gebührt ein seinem Anteil entsprechen-der Bruchteil der Früchte des gemeinschaftlichen Eigentums und des Ge-

meinschaftsvermögens. Der Anteil bestimmt sich nach dem gemäß § 47 der Grundbuchordnung im Grundbuch eingetragenen Verhältnis der Miteigentumsanteile. Jeder Wohnungseigentümer ist zum Mitgebrauch des gemeinschaftlichen Eigentums nach Maßgabe des § 14 berechtigt.

(2) Die Kosten der Gemeinschaft der Wohnungseigentümer, insbesondere der Verwaltung und des gemeinschaftlichen Gebrauchs des gemeinschaftlichen Eigentums, hat jeder Wohnungseigentümer nach dem Verhältnis seines Anteils (Absatz 1 Satz 2) zu tragen. Die Wohnungseigentümer können für einzelne Kosten oder bestimmte Arten von Kosten eine von Satz 1 oder von einer Vereinbarung abweichende Verteilung beschließen.

Die Miteigentumsanteile sind der Verteilschlüssel von Gesetzes wegen. Ein weiterer gebräuchlicher Umlageschlüssel ist die **Wohn- und Nutzfläche** der einzelnen Wohneinheiten im Verhältnis zur Gesamtwohnfläche. Hier ist die Quadratmeterzahl relevant. Dabei ist die **Wohnflächenverordnung** maßgeblich. Diese bestimmt, dass die Wohnfläche einer Wohnung die Grundfläche der Räume umfasst, die ausschließlich zu dieser Wohnung gehören und zur alleinigen und gemeinschaftlichen Nutzung durch die Bewohner bestimmt sind. Zur Wohnfläche zählen auch die Grundflächen von

1. Wintergärten, Schwimmbädern und ähnlichen nach allen Seiten geschlossenen Räumen sowie
2. Balkonen, Loggien, Dachgärten und Terrassen, wenn sie ausschließlich zu der Wohnung gehören.

Zur Wohnfläche gehören **nicht** die Grundflächen von Zubehörräumen, insbesondere Kellerräumen, Abstellräumen und Kellerersatzräumen außerhalb der Wohnung, Waschküchen, Bodenräumen, Trockenräumen und Geschäftsräumen.

Die Wohnflächenverordnung bestimmt überdies, dass

- z. B. Sockel, Raumteiler und Einbaumöbel bei der Berechnung mit einzubeziehen sind,
- die Grundflächen von Räumen und Raumteilen mit einer lichten Höhe von mindestens zwei Metern vollständig, aber von Räumen und Raumteilen mit einer lichten Höhe von mindestens einem Meter und weniger als zwei Metern nur zur Hälfte,
- die Grundflächen von unbeheizbaren Wintergärten, Schwimmbädern und ähnlichen nach allen Seiten geschlossenen Räumen ebenfalls zur Hälfte sowie
- die Grundflächen von Balkonen, Loggien, Dachgärten und Terrassen in der Regel zu einem Viertel, höchstens jedoch zur Hälfte anzurechnen sind.

! **Beispiel**

In einem Haus befinden sich zehn Wohnungen. Die Gesamtwohnfläche beträgt 1.000 qm. Herr Albert hat eine Wohnung von 100 qm – damit verfügt er über 10 % der Gesamtwohnfläche.

Der BGH hat entschieden, dass, wenn die tatsächliche Größe einer Wohnung von der im Mietvertrag genannten Wohnfläche um mehr als 10 % abweicht, die tatsächliche und nicht die mietvertraglich aufgeführte Wohnfläche maßgeblich ist (BGH, Urteil vom 31.10.2007, VIII ZR 261/06).

Die Umlage nach Wohnflächen ist bei verbrauchsabhängigen Kosten nicht sachgerecht. So würde z. B. eine sechsköpfige Familie in einer 70-qm-Wohnung weniger Wasserkosten zahlen als eine Einzelperson in einem 150 qm großen Penthouse. Daher ist der gemessene Verbrauch zwingend für verbrauchsabhängige Kosten wie Heizung und Warmwasser vorgeschrieben. Die WEG muss Ablesegeräte zur Ermittlung vorhalten. Wie wir gelernt haben, gilt bei diesen Kosten die Heizkostenverordnung.

Eine WEG kann auch dem einzelnen Miteigentümer Kosten zuweisen. Dies hat aber seine Grenze im WEG: Gebäudeteile, die nach § 5 Abs. 2 WEG zwingend dem Gemeinschaftseigentum zugewiesen werden, können niemals in Sondereigentum umgewidmet werden.

! **Beispiel**

Eine Miteigentümergemeinschaft beschließt, dass die Fenster dem Sondereigentum zugewiesen werden.

Das ist falsch. Die Fensterreparatur ist zwingend in der Buchführung der Gemeinschaft zu berücksichtigen.

Die Kosten für die Tiefgarage werden sinnvollerweise nach der **Anzahl der Stellplätze** umgelegt.

Weitere Umlageschlüssel sind die **Personenanzahl** oder aber die **Einheit** (Wohneinheit) – diese haben nur geringe praktische Bedeutung. Das wäre aber durchaus ein praktikabler Schlüssel bei der Verteilung der Müllkosten.

> **Merke** !
>
> Grundsätzlich sind alle Kosten nach Miteigentumsanteilen aufzuteilen. Viele Gemein-
> schaften bestimmen aber durch Vereinbarung oder Mehrheitsbeschluss eine abweichende
> Vorgehensweise. Es ist daher zwingend notwendig, dass sich der Verwalter alle Protokolle
> genau durchliest, wenn er die Buchführung und daraus resultierend auch die Abrechnung
> sorgfältig bearbeiten will.

2.7   Personenkonten

Die Personenkonten wurden bereits im Kapitel 2.3 angesprochen (hier wurde ausgeführt, dass die Einnahmen aus Hausgeld explizit dem Eigentümer, der sie bezahlt hat,
zuzuweisen sind), seien hier aber nochmals explizit dargestellt. Wie bereits erwähnt,
ist die Offene-Posten-Buchhaltung eine sogenannte Nebenbuchhaltung. Neben der
eigentlichen Buchhaltung werden Debitoren- und Kreditorenkonten geführt, die zusammengefasst das Konto »Forderungen oder Verbindlichkeiten« darstellen.

Die WEG-Buchhaltung sieht vor, die Eigentümerkonten in einer Nebenbuchhaltung
abzubilden. Hier ist für jeden Monat einzutragen, was der einzelne Eigentümer ra-
tierlich an Hausgeld und Rücklagen zu erbringen hat (Sollstellung) und was er tatsächlich erbracht hat (wenn das Hausgeld auf der Bank eingegangen ist).

Da die WEG-Buchhaltung eine reine Zufluss-Abfluss-Rechnung ist, geschieht hier
gar nichts: Beide Konten, Forderung und Verrechnungskonto (ein Konto, das auf
der Aktiv- oder Passivseite der Bilanz steht), sind nämlich gewinnneutral. Die Eigentümerkonten werden sozusagen »im Schatten« geführt. Sind Überzahlungen oder
Erstattungen erfolgt, müssen diese als Forderungen bzw. Verbindlichkeiten im Vermögensbericht berücksichtigt werden.

Das entspricht auch der BGH-Rechtsprechung. Dieser hat nämlich entschieden, dass
nur die tatsächlichen Zahlungen ausgewiesen werden, nicht das, wozu der einzelne Eigentümer verpflichtet wäre. Wenn einzelne Eigentümer mit ihren Zahlungen
im Rückstand sind, sieht man dies nur in der Nebenbuchhaltung der Personenkonten, nie aber in der Hausgeldabrechnung. Erst bei der Zahlung des Hausgelds auf
das Bankkonto wird das Verrechnungskonto ausgeglichen. Diese Vorgehensweise
ermöglicht eine genaue Kontrolle darüber, ob die Eigentümer ihr Hausgeld in be-
schlossener Höhe entrichtet haben. Hierzu nochmals ein Beispiel:

> **!** **Beispiel**
>
> Im Wirtschaftsplan wurde beschlossen, dass der Eigentümer Willi Wurst monatlich 200 Euro
> Hausgeld und 50 Euro Rücklagen zu zahlen hat. Zum Monatsersten stellen Sie dessen Per-
> sonenkonto »ins Soll«:
> - Eigentümerkonto Willi Wurst Soll 200 Euro Hausgeld und 50 Euro Rücklagen
> - an Verrechnungskonto Haben 250 Euro.
>
> Sobald Willi Wurst gezahlt hat, wird gebucht:
> - Bank Soll 250 Euro
> - an Hausgeldzahlungen (Einnahme) Haben 200 Euro und Rücklagen (Einnahme) Haben
>   50 Euro
>
> Und gleichzeitig:
> - Verrechnungskonto Willi Wurst Soll 250 Euro
> - an Forderungen Hausgeld Haben 200 Euro und Forderungen Rücklagen Haben 50 Euro
>
> **Sollstellung**
>
> | S | Willi Wurst | H | | S | Verrechnungskonto | H |
> |---|---|---|---|---|---|---|
> | 200,00 € | | | | | | 250,00 € |
> | 50,00 € | | | | | | |
>
> **Verbuchung in der Bank:**
>
> | S | Bank | H | | S | Hausgeld Bewirtschaftung | H |
> |---|---|---|---|---|---|---|
> | 250,00 € | | | | | | 200,00 € |
>
> | S | Hausgeld Rücklage | H |
> |---|---|---|
> | | | 50,00 € |
>
> **dabei wird im Hintergrund generiert:**
>
> | S | Willi Wurst | H | | S | Verrechnungskonto | H |
> |---|---|---|---|---|---|---|
> | 200,00 € | 250,00 € | | | 250,00 € | 250,00 € | |
> | 50,00 € | | | | | | |
>
> Das Eigentümerkonto des Willi Wurst ist ausgeglichen und das Verrechnungskonto weist
> einen Nullsaldo auf.

Schwieriger wird der Sachverhalt, wenn nicht alle Hausgelder in der beschlossenen Höhe entrichtet werden. Theoretisch könnte Willi Wurst 200 Euro mit dem Verwendungszweck »Hausgeld ohne Rücklagen« überweisen. Dieser Anweisung wäre zwingend Folge zu leisten. Dies wird zwar in der Praxis so nie vorkommen, man sollte aber damit umgehen können. In solchen Fällen der vollkommen fehlenden oder ungenauen Tilgungsbestimmung greift § 366 Abs. 2 BGB, der eine Verrechnungsreihenfolge – vereinfacht gesagt – orientiert am Zeitpunkt der Fälligkeit festlegt, bei gleichzeitiger Fälligkeit jedoch, wie hier, eine quotale Aufteilung vorsieht. Da Willi Wurst 20 % hinter seiner Zahlungsverpflichtung bleibt, wären 160 Euro als Hausgeld und 40 Euro als Rücklagen zu buchen.

Möglich wäre auch, dass die Eigentümergemeinschaft darüber bestimmt, wie rückständige Zahlungen zu verbuchen sind. In der Literatur ist umstritten, ob dies überhaupt zulässig ist und ob zuerst die Rücklagen oder ob zuerst das Hausgeld bedient werden soll. Tendenziell geht die herrschende Meinung dahin, dass die Eigentümergemeinschaft dann darüber Beschlusskompetenz hat, wenn primär das Hausgeld bedient wird. Die Rücklagen stellen ja nur ein fakultatives Sondervermögen dar, das Hausgeld indes ist für die laufende Bewirtschaftung zwingend notwendig.

Beispiel

In unserem Beispiel gehen wir davon aus, dass Willi Wurst keine Bestimmung trifft und auch die Eigentümergemeinschaft keine Beschlüsse gefasst hat. Somit wäre zu buchen:
Sollstellung wie gehabt:
- Forderung Willi Wurst Hausgeld Soll 200 Euro und Rücklagen Soll 50 Euro
- an Verrechnungskonto Hausgeld Haben 200 Euro und Rücklagen Haben 50 Euro
Bei Geldeingang:
- Bank Soll 200 Euro
- an Einnahmen Hausgeld Haben 160 Euro und Einnahmen Rücklagen Haben 40 Euro
Und gleichzeitig:
- Verrechnungskonto Soll 200 Euro
- an Forderungen Willi Wurst Hausgeld Haben 160 Euro und Forderungen Rücklagen 40 Euro

In der Nebenbuchhaltung ist also ersichtlich, dass Willi Wurst noch 50 Euro zu zahlen hat. Sowohl das Personenkonto also auch zwangsläufig das Verrechnungskonto bleiben unausgeglichen und weisen so lange einen Saldo auf, bis der letzte Cent bezahlt ist.
Achtung: Die Rücklage ist hier eine Einnahme. Sie ist mit der Zahlung nicht automatisch auf dem buchhalterischen Rücklagenkonto. Vielmehr muss sie erst auf das Rücklagenkonto gebucht werden.

Buchhalterisch läuft das folgendermaßen:

- Girokonto Rücklage Soll 40 Euro
- an laufendes Girokonto Haben 40 Euro
- Zufuhr zur Rücklage (Aufwand) Soll 40 Euro
- an Rücklage (Passivkonto) Haben 40 Euro

Theoretisch wäre es denkbar, statt des Aufwandskontos »Zufuhr zur Rücklage« das Ertragskonto »Einnahmen aus Rücklagen« im Soll zu buchen, da eine WEG nicht buchhaltungspflichtig ist und daher nicht dem handelsrechtlichen Saldierungsverbot unterliegt (Anm.: Nach HGB dürfen Aufwand und Ertrag nicht miteinander verrechnet werden). In der Hausgeldabrechnung stünden dann keine Einnahmen und keine Ausgaben, sondern nur die Verwendung des Rücklagenkontos.

Sollstellung

S	Willi Wurst	H
200,00 €		
50,00 €		

S	Verrechnungskonto	H
		250,00 €

Verbuchung in der Bank:

S	Bank	H
240,00 €		

S	Hausgeld Bewirtschaftung	H
		200,00 €

S	Hausgeld RL	H
		40,00 €

Dabei wird im Hintergrund generiert:

S	Willi Wurst	H
200,00 €	200,00 €
50,00 €	40,00 €

S	Verrechnungskonto	H
200,00 €	250,00 €
40,00 €	

Das Eigentümerkonto des Willi Wurst ist nicht ausgeglichen und das Verrechnungskonto weist ebenfalls einen Saldo auf.

Mahnungen

Es soll auch Eigentümer geben, die nicht zahlen wollen oder können. Deshalb ist es unerlässlich, regelmäßig nicht bezahlte Hausgelder anzumahnen. In der Praxis passiert es immer wieder, dass die eingezogenen Gelder rückgebucht werden (sognannte Rücklastschrift), sei es, weil das Konto des Eigentümers eine mangelnde Deckung aufweist oder weil der Eigentümer meint, die Hausgelder seien unrechtmäßig festgesetzt, und die Zahlung nicht anerkennt.

Die Mahnung dient dazu, den Schuldner förmlich in Verzug zu setzen. Denken Sie bei der Formulierung immer daran, dass der Gemahnte Eigentümer und Mitglied der Gemeinschaft und Sie als Verwalter sein Dienstleister sind. Formulieren Sie deshalb höflich, aber bestimmt.

Dennoch ist es Ihre Aufgabe, Gelder und eventuelle Rücklastschriftgebühren beim Eigentümer einzufordern und notfalls auch ein Inkassounternehmen zu bemühen. Zu den Aufgaben der ordnungsgemäßen Verwaltung gehört es unbedingt, die Hausgelder vollständig einzutreiben. Die Verjährungsfrist endet drei Jahre nach Ablauf des Kalenderjahres, in dem der Anspruch entstanden ist.

2.8   Die Abrechnung

Am Ende eines Kalenderjahres kommt die Abrechnung. Das Kalenderjahr ist, wie wir bereits wissen, als Abrechnungszeitraum zwingend durch das WEG vorgeschrieben. Teilweise sieht man in der Praxis immer wieder entweder abweichende Wirtschaftsjahre oder längere Abrechnungszeiträume.

So beschließen manche Eigentümergemeinschaften, die z. B. im November des Jahres 1 entstehen, das Wirtschaftsjahr vom 01.11.01 bis 31.12.02 laufen zu lassen. Das klingt praktisch, ist aber leider nicht korrekt. Vielmehr muss bei entstehenden Eigentümergemeinschaften das erste Jahr als Rumpfwirtschaftsjahr aufgefasst werden – auch wenn es nur einen Monat dauert –, um dann zwingend vom 01. Januar bis zum 31. Dezember abzurechnen.

Es ist zweckmäßig, erst eine **Gesamtabrechnung** zu erstellen. Darin spiegeln sich alle Zahlungsflüsse wider. Bei der Jahresabrechnung kommt es, wie bereits erwähnt, zu einer Durchbrechung des Zufluss-Abfluss-Prinzips durch die Berücksichtigung der Heizkosten. In der Gesamtabrechnung werden die Heizkosten dargestellt, die tatsächlich bezahlt wurden, d.h. Guthaben bzw. Nachzahlungen des **Vorjahres** sowie die laufenden Vorauszahlungen.

!   **Beispiel**

Sie zahlen im Jahr 2021 elf Abschlagsrechnungen für Gas in Höhe von je 100 Euro sowie die Nachzahlung des Jahres 2020 in Höhe von 200 Euro. Die tatsächliche Gasrechnung für 2021 beläuft sich auf 1.500 Euro, d.h. im Jahr 2022 werden 400 Euro Nachzahlung fällig.

In der Gesamtrechnung weisen Sie aus: Heizung 1.300 Euro.

Ihre Buchführung weist folgende Konten auf:

S	Heizung		H
NZ 2020	200,00 €		
VZ1	100,00 €		
VZ2	100,00 €		
VZ3	100,00 €		
VZ4	100,00 €		
VZ5	100,00 €		
VZ6	100,00 €		
VZ7	100,00 €		
VZ8	100,00 €		
VZ9	100,00 €		
VZ10	100,00 €		
VZ11	100,00 €		
	1.300,00 €		

S	Bank		H
		200,00 €	NZ 2020
	100 €		
	...		
	100 €		11 × VZ

Sie können auch durch Abgrenzungsbuchungen (Verbindlichkeiten) wie folgt darstellen:

- Heizung 1.500 Euro
- Heizung Vorjahr 200 Euro
- Heizungsverbindlichkeit laufendes Jahr 400 Euro

S	Heizung	H
VZ1	100,00 €	
VZ2	100,00 €	
VZ3	100,00 €	

VZ4	100,00 €
VZ5	100,00 €
VZ6	100,00 €
VZ7	100,00 €
VZ8	100,00 €
VZ9	100,00 €
VZ10	100,00 €
VZ11	100,00 €
NZ 2021	400,00 €
	1.500,00 €

S	Gas 2021		H
		400,00 €	NZ 2021

S	Gas 2020		H
Gas 2020	200,00 €		

S	Bank		H
		200,00 €	Gas 2020
		100,00 €	VZ1
		100,00 €	VZ2
		100,00 €	VZ3
		100,00 €	VZ4
		100,00 €	VZ5
		100,00 €	VZ6
		100,00 €	VZ7
		100,00 €	VZ8
		100,00 €	VZ9
		100,00 €	VZ10
		100,00 €	VZ11

Die Beträge müssen zwingend in der Gesamtrechnung erscheinen:

Heizung	1.500,00 €
Gas 2021	−400,00 €
Gas 2020	200,00 €
Saldo	1.300,00 €

In der Einzelabrechnung erscheinen (anteilig für jeden Miteigentümer) natürlich verursachungsgerecht die 1.500 Euro.

Die Abgrenzungsbuchungen verringern bzw. erhöhen diesen Betrag dann per Saldo wieder, sodass die Zahlungsflüsse genau abgebildet werden.

Die Gesamtabrechnung soll auch die **Kontostände zum Beginn und zum Ende des Abrechnungszeitraums** wiedergeben, weil andernfalls ihre rechnerische Vollständigkeit nicht nachvollziehbar wäre. Das hat je nach individueller Darstellung diesem Schema zu folgen:

	Anfangsbestände aller Bankkonten per 01.01.
+	Einnahmen des Jahres
–	Ausgaben des Jahres
=	Endbestände aller Bankkonten per 31.12.

Selbstverständlich sind hierbei **sämtliche** Kontostände aller Bankkonten und Depots oder sonstiger Vermögensanlagen anzugeben. Geht die obige Rechnung nicht auf, ist die Gesamtabrechnung falsch.

2.8.1   Die Einzelabrechnung

Alle Kosten der Gesamtrechnung müssen in die Einzelabrechnung überführt werden. Die Heizkosten »differieren« dabei zwingend. Der Grund ist folgender: In der Gesamtabrechnung, die quasi ein Spiegel der Bankbewegungen des laufenden Jahres ist, werden im Bereich Heizung und Warmwasser die Nachzahlungen des Vorjahres und die Abschlagszahlungen des laufenden Jahres ausgewiesen, in der Einzelabrechnung wird der Verbrauch aber **verursachungsgerecht** vom 01.01. bis zum 31.12. des Kalenderjahres berücksichtigt.

Für den Laien ist es deshalb oftmals einfacher, in der Gesamtabrechnung die tatsächlichen Heizkosten mit den Zuflüssen und Abflüssen ersehen zu können.

Die Kosten, die in der WEG anfielen, werden auf die einzelnen Eigentümer nach den jeweiligen Verteilungsschlüsseln umgelegt. Das Ergebnis wird mit den Soll-Hausgeldzahlungen der einzelnen Miteigentümer verrechnet. Daraus ergibt sich dann die Abrechnungsspitze.

Definition der Abrechnungsspitze

Am Jahresende werden die anteilig für den einzelnen Eigentümer angefallenen Aufwendungen sowohl für die laufende Bewirtschaftung als auch für die Rücklagenzuführung den Soll-Vorschüssen des einzelnen Eigentümers gegenübergestellt. Die sich daraus ergebende Nachzahlung oder Erstattung nennt man »Abrechnungsspitze«.

Mit dieser Unterscheidung zwischen Gesamt- und Einzelabrechnung ist gewährleistet, dass zum einen die Heizkosten korrekt und verursachungsgerecht umgelegt werden können, zum anderen aber die Abrechnung der Hausgemeinschaft die Einnahmen und Ausgaben des Wirtschaftsjahrs widerspiegelt, denn die als Aufwand gebuchte Nachzahlung wird durch das Gegenkonto im Ertrag oder die als Ertrag gebuchte Erstattung im Aufwand »neutralisiert«.

Im Folgejahr wird die Nachzahlung bzw. die Erstattung wiederum auf das Konto Abrechnungsspitze gebucht. Eine Erstattung ist ertragswirksam und somit werden die Ausgaben und der Aufwand erhöht (bzw. umgekehrt bei einer Nachzahlung durch den Eigentümer, die eine Einnahme der Wohnungseigentümergemeinschaft darstellt, als Ertrag).

Dabei sind Differenzen zwischen abgerechneten Kosten der Einzelabrechnung und den tatsächlichen Zahlungen der Gesamtabrechnung zu erläutern, was regelmäßig wegen der Heiz- und Warmwasserkosten oder etwaiger Sonderrücklagen (siehe auch Kapitel 2.3.4) notwendig ist. Sind die Kontostände nicht oder nicht vollständig angegeben, ist die Abrechnung ergänzungsbedürftig.

Es ist auch zulässig, neben der Gesamtabrechnung die Einzelabrechnung der Heizkosten quasi losgelöst darzustellen. Sie erstellen also die Gesamtabrechnung und alle Posten – mit Ausnahme der Heizkosten – finden sich dann in der Einzelabrechnung wieder.

Durch das neue WEG ist diese Gesamtabrechnung nicht mehr Beschlussgegenstand. Maßgeblich sind nur noch die Einzelabrechnungen. Dies ergibt sich aus § 28 WEG, nach dem die Wohnungseigentümer im Rahmen der Jahresabrechnung mit Mehrheit über die sogenannte **Abrechnungsspitze** beschließen.

Wie bereits oben definiert, ist die Abrechnungsspitze nichts anderes als die im laufenden Kalenderjahr ermittelte, im Folgejahr fließende Nachzahlung oder Erstattung für den Sondereigentümer.

> **!   Achtung**
>
> Bei der Ermittlung der Abrechnungsspitze werden **nicht die tatsächlichen Aufwendungen den tatsächlich bezahlten Beträgen** gegenübergestellt, sondern den Beträgen, zu deren Begleichung der Sondereigentümer verpflichtet ist (sogenannte Soll-Beträge).
> Sollte einer der Miteigentümer seiner Zahlungsverpflichtung nicht vollständig nachgekommen sein, sind die ausstehenden Beträge (die Differenz der Ist- zu den Soll-Beträgen) selbstverständlich nachzufordern (Mahnungen). Dies geschieht aber außerhalb der Einzelabrechnung.

2.8.2   Der Vermögensbericht

Die Vorschriften zum Vermögensbericht wurden mit § 28 Abs. 4 WEG neu in das Gesetz eingefügt, um dem Erfordernis nach mehr Transparenz Rechnung zu tragen.

Die Gesamtabrechnung ist, wie erwähnt, kein Beschlussgegenstand mehr und muss daher auch nicht mehr erstellt werden – dafür aber jetzt der Vermögensbericht. Er soll den Stand der Erhaltungsrücklage (Ist-Stand) und eine Aufstellung des Gemeinschaftsvermögens enthalten. Er muss den Eigentümern **vom Verwalter** nur zur Verfügung gestellt werden – darüber ist nicht zu beschließen.

Anzugeben ist der Stand des tatsächlich vorhandenen Vermögens, also:
- liquide Mittel (Bankkonten)
- Forderungen gegen einzelne Wohnungseigentümer (die ihre Hausgeldverpflichtungen nicht erfüllt haben)
- alle Bankdarlehen
- Forderungen und Verbindlichkeiten gegenüber den Energieversorgern

Selbstverständlich gehört zum Gesamtvermögen auch der Aufsitzrasenmäher, der nicht zu bewerten ist.

Schema:

	Summe aller Banksalden
+	Forderungen (Nachzahlungen der Eigentümer aus dem Vorjahr, Guthaben aus der Abrechnung von Energieversorgern)
–	Verbindlichkeiten (Erstattungen an Eigentümern aus den Vorjahren, Nachzahlungen an den Energieversorger)
–	Bankschulden
+/–	Bestandsveränderungen (z. B. Pelletbestand)
=	Nettovermögen

Sowie:

	Stand der Erhaltungsrücklage 01.01.
I	Zufuhr zur Erhaltungsrücklage
–	Entnahme aus der Erhaltungsrücklage
=	Stand der Erhaltungsrücklage 31.12.

Achtung !

Hier ist immer die tatsächlich bezahlte Rücklage auszuweisen. In der Vergangenheit waren nämlich – teils abenteuerliche – Rechenwerke im Umlauf, in denen Verwalter Soll-Rücklagen auswiesen und sich die Eigentümerschaften in Sicherheit wiegten, dass genügend Mittel für größere Reparaturen vorhanden seien, was dann tatsächlich gar nicht der Fall war.

Ob diese Vorschrift, die eigentlich der größeren Transparenz dienen sollte, diesen Zweck tatsächlich erfüllt, darf mehr als angezweifelt werden.

Die Darstellung der Rücklagen hatte bisher folgendes Aussehen:

Stand 01.01.	Zufuhr	Auflösung	Verbrauch	Stand 31.12.
Anfangsbestand	aus Hausgeld	Entnahme	tatsächlich angefallen	Endbestand

Grundsätzlich sollte der Vermögensstatus mit der Erhaltungsrücklage übereinstimmen. In der Regel wird sich eine leichte Überdeckung ergeben. Eine WEG benötigt liquide Mittel, um zu wirtschaften. Würde das Endvermögen exakt mit der (separat anzulegenden) Rücklage übereinstimmen, wäre der Saldo auf dem Girokonto null. Käme im Januar dann zum Beispiel (pünktlich) die Jahresrechnung der Versicherung, würde das Girokonto der Gemeinschaft ins Minus rutschen und es wären hohe Zinszahlungen erforderlich.

Die Darstellung des Vermögensberichts ist sicher sehr nachvollziehbar. Hier werden die liquiden Mittel zuzüglich der noch aus dem laufenden Jahr resultierenden Forderungen abzüglich der aus dem laufenden Jahr resultierenden Verbindlichkeiten (also die liquiden Mittelzu- und -abflüsse, die aus technischen Gründen erst im Folgejahr erfolgen, aber inhaltlich zum laufenden gehören) den Rücklagen (dem Geld, das im »Sparschwein« vorhanden sein muss) gegenübergestellt.

> **!**
>
> ### Achtung
>
> Finanziert eine WEG eine neue Heizung für 200.000 Euro, gehört die Heizung als Bestandteil des Gebäudes nicht zum Gesamtvermögen, das im Vermögensbericht auszuweisen ist – wohl aber das Darlehen. In diesem Fall kommt es zu einem immensen Ungleichgewicht im Vermögensbericht, da ja die neue Heizung nichts »wert« ist, die Gemeinschaft aber hohe Schulden hat.

Die Erstellung des Vermögensberichts ist zwingend – jeder Eigentümer hat darauf Anspruch. Wird dieser nicht oder nur ungenügend erfüllt, hat jeder Eigentümer einen Anspruch gegen die Gemeinschaft auf Erstellung eines ordnungsgemäßen Vermögensberichts. Die Gemeinschaft muss diesen Anspruch gegen den Verwalter durchsetzen.

DIGITALE
EXTRAS

In den Digitalen Extras finden Sie ein ausführliches Muster einer Hausgeldabrechnung.

2.8.3   Haushaltsnahe Dienstleistungen

Um der Schwarzarbeit Einhalt zu gebieten und einen Anreiz zu schaffen, dass auch Privatpersonen Dienstleister »offiziell« beschäftigen, hat der Gesetzgeber durch Einführung des § 35a EStG die Abzugsfähigkeit der haushaltsnahen Dienstleistungen beschlossen.

Hier gibt es verschiedene Möglichkeiten:

1. Haushaltsnahe Beschäftigungsverhältnisse, bei denen es sich um eine **geringfügige Beschäftigung** handelt; hier können 20 % der Aufwendungen, maximal 510 Euro im Jahr berücksichtigt werden.

2. Haushaltsnahe Beschäftigungsverhältnisse, die **nicht geringfügig** sind oder Inanspruchnahme haushaltsnaher Dienstleistungen, die **keine Handwerkerleistungen** sind; hier können 20 % der Aufwendungen, höchstens 4.000 Euro im Jahr berücksichtigt werden.

3. **Handwerkerleistungen** für Renovierungs-, Erhaltungs- und Modernisierungsmaßnahmen; hier können 20 % der Aufwendungen, höchstens 1.200 Euro von der Steuer abgesetzt werden.

Die Steuerermäßigungen werden nur auf Antrag erstattet, das bedeutet, sie müssen in der Einkommensteuererklärung explizit beantragt werden.

Abgezogen werden können nur die reinen Arbeitskosten.

> **Beispiel** !
>
> Der Heizungsmonteur verbraucht bei seiner Heizungswartung für 200 Euro netto noch 10 Euro an Verbrauchsmaterialien. Er stellt also insgesamt 249,90 Euro brutto in Rechnung. Hier können maximal 238 Euro (Arbeitskosten 200 Euro zzgl. Umsatzsteuer 38 Euro) als haushaltsnahe Dienstleistung in Abzug gebracht werden.

Voraussetzung für den Abzug der Aufwendungen der haushaltsnahen Dienstleistungen (2.) oder der Handwerkerleistungen (3.) ist, dass eine Rechnung vorhanden ist und die Zahlung auf ein Konto des Leistungsempfängers erfolgt. Barzahlungen sind also ausgeschlossen.

Auch eine Eigentümergemeinschaft kann sich dazu entschließen, Handwerker direkt als Arbeitnehmer zu beschäftigen (Fall 1.). Diese Aufwendungen dürfen in der Einzelabrechnung nach Miteigentumsanteilen umgelegt und dem jeweiligen Eigentümer zugerechnet werden.

Auch kann die Eigentümergemeinschaft Dienstleistungen in Anspruch nehmen, für die der jeweilige Handwerker/Erbringer der haushaltsnahen Beschäftigungsverhältnisse eine Rechnung schreibt, in der die sogenannte »Lohndienstleistung«

separat ausgewiesen ist. Auch diese im Sinne des § 35a EstG zu berücksichtigende Leistung kann im Rahmen der Einzelabrechnung ausgewiesen werden. Hier liegt dann keine Rechnung im herkömmlichen Sinne vor; die Bescheinigung in der Einzelabrechnung berechtigt aber zur Geltendmachung der haushaltsnahen Dienstleistungen/Handwerkerleistungen. Die Rechnung ist nur in der WEG-Buchhaltung nachprüfbar.

> **! Achtung**
>
> Viele Eigentümer vermieten ihre Wohnung. Die umlegbaren Kosten werden dann an den Mieter weiterberechnet.
>
> Alle diese Beträge, wie z. B. die Kosten für den Schornsteinfeger in der Heizungsrechnung, die Aufwendungen für den Reinigungsdienst des Hausmeisters oder aber den Lohnanteil der Wartungsrechnung für die Heizungsanlage, darf dann nur der Mieter, der die Zahllast tatsächlich trägt, in seiner Steuererklärung geltend machen.
>
> Die steuerliche Berücksichtigung der haushaltsnahen Dienstleistungen bei den übrigen nicht umlegbaren Kosten, wie z. B. den Handwerkerleistungen bei Reparaturen, ist dann nicht mehr möglich. Der Eigentümer kann die Aufwendungen nämlich schon als Werbungskosten bei den Einkünften aus Vermietung und Verpachtung geltend machen (also keine doppelte Berücksichtigung).

Der Ausweis dieser in der Praxis auch »§-35a-Aufwendungen« genannten Aufwendungen gehört nicht zu den Aufgaben eines Verwalters, erklärt er sich aber dazu bereit, ist jeder Beleg darauf zu untersuchen, ob er eventuell solche Beträge enthält. Geltend gemacht werden dürfen aber nur die Leistungen, die tatsächlich auf der Rechnung bescheinigt sind. Die entsprechenden Aufwendungen werden dann auf einem Zusatzblatt zur Hausgeldabrechnung dargestellt.

Zu § 35a Einkommensteuergesetz
Viele Wohnungseigentümer sind sich unsicher, in welcher Steuererklärung die haushaltsnahen Dienstleistungen geltend gemacht werden dürfen.

Hier kommen nach Auffassung der Finanzverwaltung zwei Varianten in Betracht:
- **Normalfall**
  Die haushaltsnahen Dienstleistungen für immer wiederkehrende Dienstleistungen (Hausmeister, Gartenpflege, Treppenhausreinigung usw.) sind im Jahr der Vorauszahlung zu berücksichtigen. Einmalige Aufwendungen (für Handwerkerleistungen im Rahmen von Reparaturen) sind dagegen erst in dem Jahr zu

berücksichtigen, in dem sie über die Abrechnungsspitze im Rahmen der Eigentümerversammlung genehmigt worden sind.

- **einfache Variante** (wird von den Finanzämtern akzeptiert)
  Die gesamten haushaltsnahen Dienstleistungen werden im Jahr der Genehmigung der Abrechnungsspitze geltend gemacht.

Merke   !

Der allgemeine Grundsatz, dass die haushaltsnahen Dienstleistungen im Jahr der Bezahlung gelten gemacht werden, gilt hier nicht, bei Eigentümergemeinschaften ist im Zweifel immer das Jahr der Genehmigung relevant.

Achtung   !

Auch bei der Steuererklärung des nicht selbst nutzenden Eigentümers (Vermieters) ist das Zufluss-Abfluss-Prinzip zu beachten. Und die Hausgeldabrechnung des Jahre 2021 wird eben erst 2022 beschlossen – in der Steuererklärung 2021 sind daher die Vorauszahlungen, die 2021 bezahlt wurden, sowie die Nachzahlung/Erstattung, die aus der Abrechnung 2020 resultiert und über die 2021 beschlossen wurde (und die auch erst in diesem Jahr geflossen ist) zu berücksichtigen.

2.9   Controlling

Der Begriff »Controlling« kommt aus dem betrieblichen Rechnungswesen. Während die Buchführung dazu dient, alle Vorgänge zahlenmäßig darzustellen, dient das Controlling der Steuerung eines Unternehmens. Es gehört daher zum internen Rechnungswesen.

Im Controlling werden Daten aus der Buchhaltung aufbereitet, weiterentwickelt und dem Management kommuniziert. Zu den wichtigsten Aufgaben des Controllings gehören die Budgetierung, die Liquiditätsplanung, der Soll-/Ist-Abgleich und bei Abweichung die Entwicklung von Gegenmaßnahmen.

Übertragen auf Immobilien würde das bedeuten: Ein Immobiliencontroller steuert die Immobilien, der Empfänger seiner Informationen sind die Eigentümer, Investoren oder auch Bauherren. Eine Immobilie, die durch die Eigentümergemeinschaft verwaltet wird, unterliegt ebenfalls einer gewissen Steuerung und Kontrolle. Die Immobilie ist oftmals der einzige oder wichtigste Vermögensgegenstand eines Eigentümers und es ist die oberste Aufgabe des Verwalters, der nach der WEG-Reform ja wie ein Ge-schäftsführer einer WEG zu sehen ist, dieses Vermögen zu erhalten und zu bewahren.

Eine Immobilie unterliegt – wie auch jedes Produkt – einem Lebenszyklus. Es gibt die Phase der Entstehung, also die Bauphase, in der Projektsteuerer und Projektcont-roller Kosten, Termine und Verwertbarkeit analysieren und steuern. In der Phase der Nutzung stehen Fragen nach Kosten- und Nutzungsverhältnis, Instandhaltung und Modernisierung im Vordergrund, bis dann die letzte Phase der Verwertung eingeläu-tet wird. Mit dieser letzten Phase endet auch die Verwaltung.

Der bereits erwähnte Wirtschaftsplan ist ein kurzfristiger Plan, gilt er doch in der Re-gel nur für ein Jahr – in Coronazeiten ausnahmsweise länger –, aber er entspricht si-cher nicht einer langfristigen vorausschauenden Gestaltung. Dennoch ist er wichtig, weil durch ihn die Liquidität der Wohnungseigentümergemeinschaft gesteuert wird.

Die wesentlichen Bestandteile des Hauses, wie z. B. Außenwände, Fassade, Dach, Heizung, Aufzug, Fenster und Außenanlagen, gehören der Gemeinschaft. Und es ist die Gemeinschaft, die darüber bestimmt, ob der Vermögenswert dauerhaft erhalten bleibt. Hier müssen also Pläne für die Nutzung, Instandhaltung und Modernisierung erstellt werden.

So scheint es erforderlich, einen »Blick in die Zukunft« zu wagen. Der gewissenhafte Verwalter bzw. die vorausschauende Eigentümergemeinschaft wird bei einem Haus, das in die Jahre gekommen ist, einen technischen Sachverständigen, z. B. einen Architekten, beauftragen, der die wesentlichen Dinge wie Heizung, Dach, Fassade und Zustand der Balkone begutachtet und eine Sanierungseinschätzung gibt. Dar-aus können dann Prioritäten abgeleitet und es kann genau festgelegt werden, was wann und in welcher Höhe der Aufwendungen saniert werden soll. Hierbei sind auch Preisänderungen zu berücksichtigen. Die Ergebnisse sollten dann in Plänen festge-legt werden. Der zu erwartende Aufwand findet sich dabei als ein Betrag unter der Rubrik »Reparaturen und Instandhaltung« im Wirtschaftsplan wieder.

Wenn eine solche Kostenschätzung vorliegt, kann die Liquiditätsplanung erfolgen. Die Eigentümergemeinschaft hat dann eine längeren Zeitraum zur Verfügung, in dem die Gelder mittels Rücklagenbildung angespart werden können. Auch können alternative Finanzierungskonzepte erwogen werden, z. B. Sonderumlagen oder aber auch eine Fremdfinanzierung durch ein Kreditinstitut.

An dieser Stelle soll angeregt werden, Wirtschaftspläne für einen Zeitraum von fünf Jahren aufzustellen, die dann jährlich anhand der Gegebenheiten modifiziert werden müssen. Hierzu ein Beispiel aus der Praxis:

Beispiel   **!**

Für eine Immobilie aus den 80er-Jahren hat der Architekt einen Sanierungsfahrplan erstellt. Hierbei wurde festgestellt, dass die Heizung störanfällig ist und nicht mehr den Abgasnormen entspricht. Diese muss zuerst ersetzt werden. Die Anschaffung einer neuen Anlage würde mit 73.834,53 Euro zu Buche schlagen. Alternativ wäre es möglich, einen Fernwärmekontrakt abzuschließen. Dieser sieht vor, dass ein Baukostenzuschuss bezahlt werden müsste, daneben ein Wärmegrundpreis sowie ein Jahresgrundpreis 1 und 2. Hier wurde eine Vergleichsberechnung angestellt.

Vergleichsberechnung Fernwärme und Kauf von Heizung			
	Fernwärme LZ 10 Jahre	Fernwärme LZ 15 Jahre	Kauf Heizung	
Baukostenzuschuss/AK	22.375,00 €	18.820,00 €	72.834,53 €	aktuelles Angebot von Lieferant
			8.740,14 €	10 % Förderung; 2 % Skonto
pro Jahr	2.237,50 €	1.254,67 €	4.272,96 €	Annahme einer ND von 15 Jahren
Wärmepreis ist variabel				
Jahresgrundpreis 1	2.578,80 €	2.578,80 €	–	
Jahresgrundpreis 2	1.021,20 €	1.021,20 €	–	
Messpreis	184,08 €	184,08 €	–	
Wartung und Reparatur			1.175,00 €	Annahme von Reparaturen i. H. v. 6.000 Euro über die gesamte Laufzeit

167

Vergleichsberechnung Fernwärme und Kauf von Heizung			
	Fernwärme LZ 10 Jahre	Fernwärme LZ 15 Jahre	Kauf Heizung	
	6.021,58 €	5.038,75 €	5.447,96 €	Wartung über 775 Euro p. a.
liquide Belastung im ersten Jahr				
Baukostenzu-schuss/AK	22.375,00 €	18.820,00 €	64.094,39 €	
Wärmepreis ist variabel				
Jahresgrund-preis 1	2.578,80 €	2.578,80 €	–	
Jahresgrund-preis 2	1.021,20 €	1.021,20 €	–	
Messpreis	184,08 €	184,08 €	–	
Wartung und Re-paratur			775,00 €	Aussage des Heizungsliefe-ranten für diese Anlage
	26.159,08 €	22.604,08 €	64.869,39 €	
liquide Belastung in jedem weiteren Jahr				
Jahresgrund-preis 1	2.578,80 €	2.578,80 €	–	
Jahresgrund-preis 2	1.021,20 €	1.021,20 €	–	
Messpreis	184,08 €	184,08 €	–	
Wartung und Re-paratur			1.175,00 €	
	3.784,08 €	3.784,08 €	1.175,00 €	
Summe liquide Belastung 2. bis 15. Jahr	52.977,12 €	52.977,12 €	16.450,00 €	

Vergleichsberechnung Fernwärme und Kauf von Heizung			
	Fernwärme LZ 10 Jahre	Fernwärme LZ 15 Jahre	Kauf Heizung	
Gesamt	79.136,20 €	75.581,20 €	81.319,39 €	
	unkorrekt fingiert auf 15 Jahre			
Jahresgrundpreis 1 ist für Investition und Instandhaltung; Jahresgrundpreis 2 ist für Wartung Versicherung und Schornsteinfeger.				
Annahme: Heizung hat eine längere ND				
Baukostenzuschuss/AK	22.375,00 €	18.820,00 €	72.834,53 €	aktuelles Angebot von Lieferant
			8.740,14 €	10 % Förderung; 2 % Skonto
pro Jahr	2.237,50 €	1.254,67 €	3.770,26 €	Annahme einer ND von 15 Jahren
Wärmepreis ist variabel				
Jahresgrundpreis 1	2.578,80 €	2.578,80 €	–	
Jahresgrundpreis 2	1.021,20 €	1.021,20 €	–	
Messpreis	184,08 €	184,08 €	–	
Wartung und Reparatur			1.175,00 €	Annahme von Reparaturen i. H. v. 6.000 Euro über die gesamte Laufzeit
	6.021,58 €	5.038,75 €	4.945,26 €	Wartung über 775 Euro p. a.
liquide Belastung im ersten Jahr				
Baukostenzuschuss/AK	22.375,00 €	18.820,00 €	64.094,39 €	

Vergleichsberechnung Fernwärme und Kauf von Heizung				
	Fernwärme LZ 10 Jahre	Fernwärme LZ 15 Jahre	Kauf Heizung	
Wärmepreis ist variabel				
Jahresgrund-preis 1	2.578,80 €	2.578,80 €	–	
Jahresgrund-preis 2	1.021,20 €	1.021,20 €	–	
Messpreis	184,08 €	184,08 €	–	
Wartung und Re-paratur			775,00 €	Aussage des Hei-zungslieferanten für diese Anlage
	26.159,08 €	22.604,08 €	64.869,39 €	
liquide Belastung in jedem weiteren Jahr				
Jahresgrund-preis 1	2.578,80 €	2.578,80 €	–	
Jahresgrund-preis 2	1.021,20 €	1.021,20 €	–	
Messpreis	184,08 €	184,08 €	–	
Wartung und Re-paratur			1.175,00 €	
	3.784,08 €	3.784,08 €	1.175,00 €	
Summe liquide Belastung 2. bis 15. Jahr	52.977,12 €	52.977,12 €	16.450,00 €	
Gesamt	79.136,20 €	75.581,20 €	81.319,39 €	
	unkorrekt fingiert auf 15 Jahre			
Jahresgrundpreis 1 ist für Investition und Instandhaltung; Jahresgrundpreis 2 ist für War-tung, Versicherung und Schornsteinfeger.				

Nur anhand solcher Berechnungen lässt sich kalkulieren, was auf die Eigentümergemeinschaft in den nächsten Jahren zukommt, und nur so können verlässliche Wirtschaftspläne erstellt werden.

Beispiel – Fortsetzung   !

Das Dach sollte auch saniert werden, das könnte aber auch noch drei Jahre warten, nicht
hingegen die Fenster: 30 Fenster sind dringend auszubessern oder komplett auszu-
tauschen. Pro Fenster würde das mit 2.000 Euro zu Buche schlagen. Auch hier sind ganz
konkrete Pläne aufzustellen, welche Fenster in welchem Monat für wie viel Euro repariert
werden und wie hoch der exakte Liquiditätsbedarf für jeden Monat ist.

Bei der Liquiditätsplanung ist auch festzulegen, ob die erforderlichen Mittel bereits
in der Erhaltungsrücklage vorhanden sind, ob ggf. mehr angespart werden muss,
ob eine Sonderumlage erforderlich ist oder ob die WEG die Maßnahme finanziert.
Gerade bei der Kreditaufnahme durch eine WEG sind die Grundsätze der ordnungsgemäßen Verwaltung zu beachten. Hier sind die Höhe des Kredits, dessen Laufzeit,
die Zinshöhe und sonstige Konditionen der finanzierenden Bank zu berücksichtigen.
Auch scheint hier die Einholung von drei Vergleichsangeboten angezeigt. Ferner sind
Förderungen genau darauf zu untersuchen, ob sie auch bei den gewählten Finan-
zierungen gewährt werden bzw. bei welcher Art der Finanzierung sie möglich sind.

Ein Controlling wird erst aussagekräftig durch einen Soll-/Ist-Abgleich. Es ist daher
erstrebenswert, dass die WEG am Ende jedes Jahres einen Abgleich zwischen dem
Wirtschaftsplan und den tatsächlich angefallenen Kosten erhält. Durch eine genaue
Analyse der Abweichungen können dann exakte Prognosen für die Zukunft erstellt
werden.

2.10   Sondereigentumsverwaltung (Mietverwaltung)

Nur ein Teil der Wohnungseigentümer nutzt das Eigentum selbst. Viele vermieten es
und müssen dann die Betriebskostenabrechnung für den Mieter selbst fertigen oder
sie übergeben diese Aufgabe dem Verwalter, der im Rahmen der Sondereigentumsverwaltung für sie tätig wird.

Wie wir vorher gesehen haben, gibt es in der Einzelabrechnung des Sondereigentümers auf den Mieter umlagefähige und nicht umlagefähige Kosten. Darüber hinaus

kann der Vermieter vom Mieter den Ersatz von Kosten fordern, die nie in der Hausgeldabrechnung erscheinen, wie z. B. die Grundsteuer oder diverse Versicherungen.

In der Praxis läuft das aus buchhalterischer Sicht normalerweise so ab: Die einzuziehenden Hausgelder werden mit den Mieten, die für den jeweiligen Eigentümer eingezogen werden, verrechnet und unter Abzug der Verwaltergebühr auf dessen Konto übertragen.

> **!**
>
> ### Beispiel
>
> Herr Müller ist Kapitalanleger. Er hat Sondereigentum in einem steuerbegünstigten denkmalgeschützten Haus erworben, möchte aber mit Vermietung und dem ganzen »Drumherum« nichts zu tun haben. Er kontaktiert Verwalter Maier, der das Gemeinschaftseigentum an der Immobilie verwaltet, und überträgt ihm auch seine Sondereigentumsverwaltung. Verwalter Maier nimmt Müller alle Probleme ab. Er sucht für ihn den Mieter, schließt den Mietvertrag ab und ist auch für den Vermieter der alleinige Ansprechpartner. Dafür will Herr Maier ein Honorar. Er vereinbart mit ihm 5 % der Kaltmiete (netto). Das Hausgeld beträgt 200 Euro. Maier vermietet die Wohnung für 1.000 Euro Kaltmiete zzgl. Nebenkosten 300 Euro.
>
> Die Rechnung für Müller sieht nun so aus:
>
> | | Kaltmiete | 1.000 Euro |
> |---|---|---|
> | + | Nebenkosten | 300 Euro |
> | – | Mietverwaltergebühr | 50 Euro |
> | – | Hausgeld | 200 Euro |
> | = | 1.050 Euro | |
>
> Er bekommt vom Verwalter also 1.050 Euro überwiesen.
>
> Buchhalterisch lässt sich das wie folgt darstellen. Die Miete wird auf einem (separaten) Mietverwaltungskonto eingezogen.
>
> Der Buchungssatz lautet (verkürzt):
> * Bank (Mietverwaltung) Soll 1.300 Euro an Kontokorrentkonto ET Haben 1.300 Euro
>
> Die Weiterleitung des Hausgelds auf das Konto der WEG erfolgt mit dem Buchungssatz:
> * Verrechnungskonto Soll 200 Euro an Bank (Mietverwaltung) Haben 1.300 Euro
>
> Und die Weiterleitung der Gebühr dann ebenfalls:
> * Verrechnungskonto ET Soll 50 Euro an Bank (Mietverwaltung) Haben 50 Euro
>
> Sowie die Weiterleitung der Restmiete an den Sondereigentümer:
> * Verrechnungskonto ET 1.050 Euro an Bank (Mietverwaltung) Haben 1.050 Euro

Damit ist auf dem Eigentümerkonto ersichtlich,

1. wie viel Miete eingegangen ist,
2. was an Hausgeld gezahlt wurde,
3. welche Gebühren angefallen sind,
4. wie viel Restmiete ausgeschüttet wurde.

In der WEG ist dann das Hausgeld als Eingang zu buchen, wie es in Kapitel 2.3 beschrieben ist.

2.11   Vermietung und Verpachtung

Die Wohnungseigentümergemeinschaft kann Teile ihres Gemeinschaftseigentums vermieten oder verpachten. Diese Erträge gehören nicht zu den Hausgeldeinnahmen, sondern zu den sonstigen Erträgen und sind zwingend an die Miteigentümer auszuschütten sowie in einer einheitlichen und gesonderten Erklärung der Einkünfte aus Vermietung und Verpachtung dem Finanzamt zu deklarieren.

Für den einzelnen Sondereigentümer ist die Hausgeldabrechnung Grundlage für die Steuererklärung. Wie bei der WEG-Buchhaltung und bei den haushaltsnahen Dienstleistungen gilt auch hier das Zufluss-Abfluss-Prinzip. Für die Steuererklärung des Jahres 2021 sind demnach die abzugsfähigen Beträge der Vorauszahlungen nach dem Wirtschaftsplan zzgl. der Nachzahlung bzw. abzgl. der Erstattung aus der (beschlossenen) Einzelabrechnung, also die Abrechnungsspitze des Jahres 2020, maßgeblich.

In der Praxis wird auch hier oft nach dem Verursachungsprinzip gearbeitet, d. h. das Hausgeld des Jahres 2020 wird für die Steuererklärung 2020 herangezogen. Dies ist falsch, wird aber bei gleichmäßiger Handhabung in der Regel von den Finanzämtern akzeptiert, es sollte aber mit dem Veranlagungsbezirk des Finanzamtes so abgesprochen sein.

Die Zahlung in die Rücklage ist ein Zahlungsfluss für den jeweiligen Sondereigentümer. Sie darf aber nicht berücksichtigt werden, da die Rücklage ja nur ein »Sparen« darstellt. Erst wenn die Rücklage verwendet wird, sind tatsächlich Reparaturen angefallen, die als Werbungskosten bei den Einkünften aus Vermietung und Verpachtung anzusetzen sind.

3 Übungsteil

Die WEG Rosenweg 3 hat nur Gutes von Ihnen als Verwalter gehört. Sie fragt, ob Sie die Verwaltung der WEG übernehmen können. Über die Konditionen werden Sie sich einig, schließen einen Verwaltervertrag und erhalten alle notwendigen Vollmachten.

Nun fragen die Miteigentümer Sie: Welche Unterlagen benötigen Sie für die laufende Buchführung? Wie lautet Ihre Antwort?
1. Verwaltervollmacht
2. Teilungserklärung
3. Eigentümerliste/Grundbucheintrag
4. Wirtschaftsplan
5. Protokolle und Beschlusssammlung

Warum brauchen Sie diese Unterlagen?
1. Mit der Verwaltervollmacht autorisieren Sie sich gegenüber den Banken. Entweder Sie legen ein neues Konto an oder Sie übernehmen das bereits bestehende Konto der WEG.
2. In der Teilungserklärung sehen Sie die Einheiten (Wohnungen) nach Nummern und Miteigentumsanteilen.
3. Sie müssen wissen, welche Wohnung welchem Eigentümer gehört. Dies ergibt sich aus dem Grundbucheintrag.
4. Aus dem Wirtschaftsplan sind die Kosten und vor allem das einzuziehende Hausgeld ersichtlich.
5. In den Protokollen und in der Beschlusssammlung können Sie sehen, welche Verteilungsschlüssel Sie anzulegen haben.

In der neuen WEG hat ein Eigentümer seine Wohnung verkauft. Der neue Eigentümer reicht Ihnen den notariellen Vertrag ein. Sie arbeiten mit einem EDV-System. Welche Arbeiten sind von Ihnen zu erledigen?
Sie fordern den neuen Eigentümer auf, den Grundbuchauszug vorzulegen.

Jeder Eigentumsübergang erfolgt durch

1. Verpflichtungsgeschäft §§ 433/311 BGB
    Verpflichtung des Verkäufers zur Übertragung des Eigentums
2. Verfügungsgeschäft
    Einigung von Käufer und Verkäufer über Übertragung des Gegenstands und
    Übergabe desselben

Auch beim Verkauf vom Grundstück gibt es ein

1. Verpflichtungsgeschäft
    Im notariellen Vertrag verpflichtet sich der Verkäufer, das Eigentum an seinem
    Grundstück zu übertragen.
2. Verfügungsgeschäft (Auflassung und Eintragung im Grundbuch)
    Auch hier einigen sich Verkäufer und Käufer über den Übergang des Grundstücks.
    Dies geschieht vor dem Notar. Der Übergang wird protokolliert und mit dieser
    Urkunde kann die Eintragung im Grundbuch beantragt werden. Die Eintragung
    im Grundbuch ersetzt als letzter Akt des Verfügungsgeschäfts die Übergabe und
    erst mit Eintragung geht das Eigentum über.

! **Merke**

*   Die WEG ist die **Eigentümer**gemeinschaft. Erst mit der Eintragung ins Grundbuch wird
    ein Eigentümer tatsächlich Eigentümer, auch wenn Besitz, Lasten und Gefahren vorher
    übergehen können. Erst mit der Eintragung im Grundbuch kann ein Eigentümer als
    solcher in der Gemeinschaft berücksichtigt werden.
*   Der Eigentümer, der im Grundbuch eingetragen ist, ist verpflichtet, das Hausgeld zu
    zahlen, er ist berechtigt, an Versammlungen teilzunehmen, und bekommt die Abrech-
    nungsspitze (zum Zeitpunkt der Beschlussfassung) bezahlt.
*   Es ist durchaus Usus, dass sich Erwerber und Verkäufer einigen, dass das Hausgeld
    bereits nach Abschluss des notariellen Kaufvertrags vom Erwerber bezahlt wird. Eine
    solche Vereinbarung hat stets nur im Innenverhältnis Bestand.

Welche Arbeiten sind für die »neue« WEG von Ihrer Buchhaltung zu erledigen?

1. Bankverbindung: Sie legen der Bank den Verwaltervertrag und die Verwalter-
    vollmacht vor. Dann bekommen Sie von ihr die Kontoeröffnungsunterlagen. Sie
    müssen die Kontoführungsverträge unterschreiben, sich legitimieren, eine Gläu-
    biger-ID für das Konto beantragen sowie das Konto in Ihr Bankprogramm (soweit
    vorhanden) einbinden.

Sie fordern des Weiteren von allen Eigentümern Sepa-Mandate an, also auch vom »neuen« Eigentümer, der den Grundbuchauszug nachgereicht hat.

2. Sie legen die Adressen und Kontaktdaten der Eigentümer in Ihrer EDV an. Achtung: Hier müssen Sie die Regeln des Datenschutzes beachten!

3. Sie erfassen die Bankverbindungen der jeweiligen Eigentümer, d. h. die Konten, von denen dann das Hausgeld eingezogen wird.

4. Sie erfassen das Objekt »WEG Rosenweg 3«. Sie erfassen alle Einheiten des Objekts, z. B. 101 EG links. Sie weisen die Einheiten den jeweiligen Eigentümern zu.

5. Sie definieren die Struktur der Buchführung. In der EDV ist festzulegen, dass es sich um eine Einnahmenüberschussrechnung handelt. Man spricht hier auch von einer »Ist-Buchhaltung« (im Gegensatz zur »Soll-Buchhaltung«).
    Des Weiteren ist das Wirtschaftsjahr anzulegen. Da das Kalenderjahr gesetzlich zwingend vorgegeben ist, ist allenfalls noch ein Rumpfwirtschaftsjahr denkbar.
    Sie definieren einen Kontenplan, der für diese WEG-Buchhaltung gelten soll. In der Regel gibt es in jeder Hausverwaltersoftware einen dafür vorgesehenen Musterkontenrahmen, der an die jeweiligen Bedürfnisse angepasst wurde.
    Des Weiteren pflegen Sie die WEG-Bankverbindung nebst Gläubiger-ID ein und ordnen die Mandatsreferenzen zu.
    Selbstverständlich ist es auch denkbar, dass manche Eigentümer keine Lastschrifteneinzugsermächtigung erteilen. Hier sind die Überweisungen zu überwachen, die Sepa-Mandate und Mandatsreferenzen entfallen dann natürlich. Oftmals werden für den erhöhten Aufwand von der Verwaltung Gebühren erhoben.

6. Dann pflegen Sie den Wirtschaftsplan ein. Das heißt, Sie schauen nach, welche Beträge der jeweilige Eigentümer zahlen muss. Sie pflegen die Soll-Werte für Hausgeld und Rücklagen ein. Hierzu müssen die Soll-Positionen aus dem Wirtschaftsplan den jeweiligen Erlöskonten in der Buchhaltung zugeordnet werden – also z. B. Hausgeld dem Konto 6000 »Hausgeld« und die Einnahmen für die Rücklagen dem Konto 6001 »Rücklagen«.

7. Sie legen die Umlageschlüssel an. Sicherlich brauchen Sie die Miteigentumsanteile (MEA). Hier müssen Sie die entsprechenden Teile auch in den Stammdaten der Eigentümer (siehe auch Punkt 2 und 3) zuweisen.
    Zwingend ist auch der Umlageschlüssel »Verbrauch für die Kosten Heizung und Warmwasser« nach der Heizkostenverordnung.

8. Eventuelle weitere Stammdaten anlegen (z. B. Informationen, Zahlungsverweise).

In den Digitalen Extras gibt es eine Checkliste zur buchhalterischen Neuanlage von WEGs.

DIGITALE
EXTRAS

177

Die WEG ist erst neu entstanden und hat gar keinen Wirtschaftsplan. Was ist zu tun?

Hier müssen Sie zuerst umfangreiche Daten erheben. Sie gehen wie folgt vor:

1. **Kosten für Heizung**

   Wenn keine Vorjahresdaten vorhanden sind, gibt es regelmäßig Pläne. Jedes Haus wurde ja konzipiert und die Heizung entsprechend nach erwarteten Verbräuchen geplant. Der Energieversorger steht in der Regel fest – dann können Sie einfach geschätzte kWh × Preis kalkulieren.

2. **Kosten für Wasser**

   Wenn Sie die Anzahl der Bewohner wissen, können Sie den Verbrauch sachgerecht schätzen, indem Sie von Durchschnittswerten (siehe Statistisches Bundesamt) ausgehen. Hiernach verbraucht jede Person durchschnittlich 127 Liter pro Tag. Die Kosten können Sie dann auf der Grundlage der Preise des Energieversorgers schätzen. Je nach Gemeinde kommen Kosten für das Niederschlagswasser dazu. Um die Kosten zu ermitteln, müssen Sie die versiegelte Fläche berechnen (Begehung und sachgerechte Schätzung) und bei der jeweiligen Stadt oder Gemeinde nachfragen.

3. **Kosten für den Allgemeinstrom**

   Auch hier kann sachgerecht geschätzt werden. So können etwa 5 Cent pro Monat und Quadratmeter angenommen werden. Aber auch hier muss das Objekt genau in Augenschein genommen werden. Gibt es vielleicht eine besonders repräsentative Außenbeleuchtung, einen Springbrunnen im Eingangsbereich oder sonstiges Außergewöhnliches, das erhöhte Kosten verursacht?

   Oder – im umgekehrten Fall – wird mittels eines BHKWs geheizt oder gibt es auf dem Dach eine Fotovoltaikanlage, bei der der Strom für die allgemeinen Flächen selbst erzeugt werden?

4. **Kosten für den Hausmeister**

   Bereits vor der Übergabe vom Bauträger an die WEG ist in der Regel ein Hausmeister installiert. Für sicherheitsrelevante Tätigkeiten wie die Überwachung der Technik (z. B. Heizung oder Aufzugstechnik) muss nämlich bereits zum Zeitpunkt des Übergangs vom Bauträger auf die Eigentümer eine verantwortliche Person benannt werden.

   Die Tätigkeiten werden dann auf allgemeinen Putztätigkeiten und den Winterdienst, vielleicht auch auf die Pflege der Außenanlagen ausgeweitet.

   Hier schließt in der Regel die Verwaltung einen Vertrag mit dem Hausmeister – zusätzlich müssen ggf. nur noch ein paar Euro für Reinigungsmittel oder außerordentliche Tätigkeiten berücksichtigt werden.

5. **Versicherungen**

Während der Bauphase ist das zu errichtende Bauwerk durch die Bauleitungsversicherung abgesichert. Im direkten Anschluss ist die Gebäudeversicherung abzuschließen. Hier haben Sie in der Regel ein konkretes Angebot von der Versicherung vorliegen; notfalls fordern Sie eine Einschätzung für Wohngebäude, Haftpflicht und ggf. Glasversicherung an.

6. **Wartung**

Eine Begehung ist hier unerlässlich. Welche technischen Komponenten gibt es? Aufzugs- und Heizungswartung werden normalerweise immer zusammen mit der Installation angeboten. Aber welche Pumpen gibt es? Gibt es eine Tiefgarage? Muss das Tor gewartet werden? Auch Fenster und Türen sind heutzutage aufwendige technische Einrichtungen. Zwar entscheidet über den Abschluss eines Wartungsvertrags immer die WEG, dennoch sollte der vorausschauende Verwalter diese Dinge im Auge behalten, der WEG den Abschluss der Wartungsverträge vorschlagen und hier auch aktiv Kosten einplanen. Wird nämlich nicht gewartet, sind die sich für Reparaturen ergebenden Kosten in der Regel wesentlich höher.

7. **Aufzug**

Wartungsverträge sowie Verträge für den Notruf muss die WEG abgeschlossen haben. Ein Aufzug darf ohne Wartungsvertrag nicht in Betrieb gehen, weil dies sicherheitsrelevant ist.

Vergessen Sie nicht, die Kosten für den TÜV und die TÜV-Begleitung einzuplanen. Bei den Kosten für den Notruf fallen regelmäßig auch Mobilfunkgebühren an.

8. **Verwaltergebühren**

Diesen Kostenpunkt haben Sie gleich erledigt. Schauen Sie einfach in Ihren Verwaltervertrag.

9. **Reparaturen und Instandhaltung**

So mancher Verwalter hätte hier gern eine Glaskugel, in der man sehen könnte, welche Reparaturen anfallen. Es kann sich hier immer nur um Schätzwerte handeln. Zwar fallen in einem neuen Objekt selten Reparaturen an, dennoch sollte man ein paar Euro z. B. für den Ersatz der Leuchtmittel, Schmiermittel und Kleinmaterial bei Heizungswartung oder Kosten für einen neuen Rasenmäher einplanen.

10. **Breitbandkabel**

In der Regel gibt es Sammelverträge (Mehrnutzerverträge) mit den Kabelnetzbetreibern für die gesamte Gemeinschaft. Dies könnte in der Zukunft aber von geringerer Bedeutung sein. Neue Wohneinheiten werden auch weitgehend ohne Sammelanschluss geplant. Das vor 40 Jahren eingeführte Kabelfernsehen brachte statt drei Programmen Dutzende in deutsche Wohnzimmer, inzwischen ist Fernsehen komplett digital und kann auch über das Internet empfangen werden.

Der Kabelanschluss kann vom nicht selbst nutzenden Eigentümer auf seinen Mieter umgelegt werden. Dies bezeichnet man auch als »Nebenkostenprivileg« (§ 2 Nr. 15 BetrKV). Dadurch besteht für die Eigentümergemeinschaft der WEG kaum Anlass, auf digitale Übertragungswege zu wechseln – zahlen muss der Mieter ja ohnehin für das Kabel. Dies wird sich künftig durch die Abschaffung des Nebenkostenprivilegs ändern. Sie sollten also bei der Erstellung des Wirtschaftsplans genau recherchieren, ob Sie diese Kosten einplanen müssen.

11. **Kosten der Müllentsorgung**

Wenn Sie die WEG übernehmen, können Sie die Kosten am besten dadurch schätzen, dass Sie beim zuständigen Amt für Abfallwirtschaft anrufen und dort konkret nachfragen, was die Entsorgung kostet. Die Gebühren sind von Gemeinde zu Gemeinde unterschiedlich.

12. **Rauchwarnmelder**

Rauchwarnmelder sind in allen Bundesländern bei Neu- und Umbauten Pflicht. In 15 von 16 Bundesländern gilt die Rauchwarnmelderpflicht auch für Bestandsbauten und nur in Sachsen ist geregelt, dass Rauchwarnmelder nur in Neu- und Umbauten installiert werden müssen.

Rauchwarnmelder sind zwar in vielen Bundesländern Bewohnerpflicht. Oftmals beschließt die WEG aber, diese Pflicht zu bündeln, einen Vertrag abzuschließen und die Wartung einheitlich vornehmen zu lassen.

Hier müssten Sie kalkulieren, wie viele Rauchwarnmelder installiert werden müssen. Schlafzimmer, Kinderzimmer und Flure, die auch als Rettungswege gelten – und in Berlin auch Wohnzimmer – müssen damit ausgestattet werden. Kauft die WEG diese, müssen Sie höhere Anschaffungskosten kalkulieren, als wenn sie gemietet werden. Denken Sie bitte dann auch an die Wartung.

13. **Kosten der Abnahme**

Bei Neubauten, also bei Objekten, die von der WEG vom Bauträger übernommen werden, muss das Gemeinschaftseigentum (selbstverständlich auch das Sondereigentum, aber damit sind Sie als Verwalter weniger konfrontiert) abgenommen werden. Hier ist es gebräuchlich, dass die WEG einen Sachverständigen bestimmt, der das Objekt begeht, alle Anlagen in Augenschein nimmt, die Anliegen der Eigentümer aufnimmt und beurteilt, damit etwaige Mängel gegenüber dem Bauträger angezeigt werden und innerhalb der Gewährleistungsfrist abgearbeitet werden können.

14. Kosten der Gebäudeaufnahme

Die Kosten der Gebäudeaufnahme fallen ausschließlich bei neu gegründeten WEGs an. Wer ein Gebäude errichtet hat, muss dies der Vermessungsbehörde, in deren Bezirk das Grundstück liegt, anzeigen. Das Gebäude wird dann in das Liegenschaftskataster aufgenommen.

Es wird die Länge der Gebäudeseiten ausgemessen, die Lage des Grundstücks innerhalb des Flurstücks und das Gebäude im sogenannnten Veränderungsnachweis beschrieben.

Die Gebäudeaufnahme erfolgt übrigens über das Vermessungsamt oder durch zugelassene öffentlich bestellte Vermessungsingenieure. Wird es versäumt, einen solchen Antrag zu stellen, erfolgt die Aufnahme von Amts wegen – und das oft erst Jahre später.

Die Gebühr für die Aufnahme beträgt in etwa zwischen 500 Euro bei Baukosten bis 500.000 Euro und etwa 3.000 Euro bei Baukosten bis 5.000.000 Euro. Dazu kommen noch die Kosten für die Fortführung des Liegenschaftskatasters.

Die Aufnahmeanträge können online gestellt werden. Hier erfahren Sie dann auch die Kostenhöhe, die nach Bundesland schwanken kann.

15. Kosten für die Saalmiete

Für die Eigentümerversammlungen müssen ausreichend große Räume angemietet werden. Die Kosten, die hier zu Buche schlagen, können durchaus mehrere hundert Euro betragen.

16. Rechts- und Beratungskosten

Zu den Rechts- und Beratungskosten gehören Kosten für den Anwalt, denn die WEG ist parteifähig und kann klagen und verklagt werden. Dies ergibt sich aus § 6 WEG, wonach die Wohnungseigentümergemeinschaft selbst Rechte haben und Pflichten eingehen kann.

Das Gericht kann auf Klage eines einzelnen Wohnungseigentümers einen Beschluss für ungültig erklären (Anfechtungsklage) oder seine Nichtigkeit feststellen (Nichtigkeitsklage). Auch wenn eine notwendige Beschlussfassung unterbleibt, kann das Gericht auf Klage eines Wohnungseigentümers den Beschluss fassen (Beschlussersetzungsklage). Dies ist in § 44 WEG geregelt

Hier wird sich die WEG anwaltlich vertreten lassen. Ist eine solche Klage anhängig, sind nicht nur diese Kosten, sondern auch möglicherweise entstehende Gerichtskosten im Wirtschaftsplan mit einzukalkulieren.

Denkbar ist auch, dass sich eine WEG in einem selbstständigen Beweisverfahren wegen drohender Verjährung wegen des Ablaufs der Gewährleistungsfrist befindet.

17. Erhaltungsrücklage

Eigentümer erhalten mit der Erhaltungsrücklage letztlich den Wert ihrer Immobilie und des Vermögens. Die Faustformel lautet: Baukosten : EUR/qm × 1,5 × 0,7) : 80 Jahre (Peters'sche Formel).

Sie haben alle Daten für den Wirtschaftsplan erhoben. Was geschieht jetzt weiter?

Nehmen wir einmal an, Ihre WEG besteht aus insgesamt vier Einheiten, von denen Eigentümer A 250/1.000 MEA, B 150/1.000 MEA, C 400/1.000 MEA und D 200/1.000 MEA hat. Sie haben folgende Kosten prognostiziert:

- Heizung/Warmwasser 3.000 Euro
- Niederschlagswasser 70 Euro
- Allgemeinstrom 100 Euro
- Hausmeister 2.400 Euro
- Aufzug – keiner vorhanden
- Verwaltergebühr 25 Euro netto pro Einheit im Monat
- Wohngebäudeversicherung 800 Euro
- Haftpflichtversicherung 70 Euro
- Vermögensschadenshaftpflichtversicherung Beirat 100 Euro
- Bankgebühr 150 Euro
- Saalmiete 120 Euro

Für die Rücklagen haben Sie einen Betrag von insgesamt 3.000 Euro pro Jahr ermittelt

Dann sieht Ihr Wirtschaftsplan wie folgt aus:

Wirtschaftsplan					
Abrechnungsposten		A	B	C	D
umlagefähige Kosten	gesamt	250 MEA	150 MEA	400 MEA	200 MEA
Heizung/Warmwasser	3.000,00 €	750,00 €	450,00 €	1.200,00 €	600,00 €
Niederschlagswasser	70,00 €	17,50 €	10,50 €	28,00 €	14,00 €
Hausmeister	2.400,00 €	600,00 €	360,00 €	960,00 €	480,00 €
Versicherungen	870,00 €	217,50 €	130,50 €	348,00 €	174,00 €

Wirtschaftsplan					
Abrechnungsposten		A	B	C	D
nicht umlagefähige Kosten					
Verwaltergebühr	357,00 €	89,25 €	53,55 €	142,80 €	71,40 €
Beiratsversicherung	100,00 €	25,00 €	15,00 €	40,00 €	20,00 €
Saalmiete	150,00 €	37,50 €	22,50 €	60,00 €	30,00 €
Bankgebühr	120,00 €	30,00 €	18,00 €	48,00 €	24,00 €
Summe	7.067,00 €	1.766,75 €	1.060,05 €	2.826,80 €	1.413,40 €
Rücklagen	3.000,00 €	750,00 €	450,00 €	1.200,00 €	600,00 €
mtl. Hausgeld/Bewirtschaftung	588,92 €	147,23 €	88,34 €	235,57 €	117,78 €
Hausgeld/Rücklagen	250,00 €	62,50 €	37,50 €	100,00 €	50,00 €
mtl. Hausgeld gesamt	838,92 €	209,73 €	125,84 €	335,57 €	167,78 €

Da es sich in unserem Beispiel um eine »neue« WEG handelt, ist der korrekte Umlageschlüssel die Miteigentumsanteile, auch für die Heizungs- und Warmwasserkosten.

Sollte die WEG bereits länger bestehen, wäre es möglich, dass abweichende Schlüssel vereinbart sind. In diesem Fall orientieren Sie sich bei den Heizkosten am tatsächlichen Verbrauch.

Abweichende Schlüssel könnten Sie anhand der Protokolle erkennen (oder aus der Beschlusssammlung).

Sie haben das monatliche Hausgeld für die vier Eigentümer ermittelt – was geschieht als Nächstes?

Sie pflegen Ihre monatlichen Sollstellungen in das EDV-Programm ein. Diese betragen:
* Für A: 209,73 Euro
* Für B: 125,84 Euro
* Für C: 335,57 Euro
* Für D: 167,78 Euro

Wie lauteten die Buchungssätze? (in den Buchungssätzen der Lösung mit 1. gekennzeichnet)

- Eigentümer A Soll 209,73 Euro
- Eigentümer B Soll 125,84 Euro
- Eigentümer C Soll 335,57 Euro
- Eigentümer D Soll 167,78 Euro
- an Verrechnungskonto Hausgeld Haben 588,92 Euro
- an Verrechnungskonto Rücklagen Haben 250 Euro

Was ist vor dem Einzug der Gelder zu beachten?

Es ist eine Pre-Notification – eine Lastschriftvorankündigung – zu erstellen.

Wie lautet der Buchungssatz nach dem Einzug der Hausgelder? (in den Buchungssätzen der Lösung mit 2. gekennzeichnet)

- Bank 838,92 Euro Soll
- an Hausgeld Bewirtschaftung Haben 588,92 Euro
- an Hausgeld Rücklagen Haben 250 Euro

Und gleichzeitig (in den Buchungssätzen der Lösung mit 3. gekennzeichnet):

- Verrechnungskonto Hausgeld Soll 588,92 Euro
- Verrechnungskonto Rücklagen Soll 250 Euro
- an Personenkonto Eigentümer A Haben 209,73 Euro
- an Personenkonto Eigentümer B Haben 125,84 Euro
- an Personenkonto Eigentümer C Haben 335,57 Euro
- an Personenkonto Eigentümer D Haben 167,78 Euro

Zeichnen Sie die Buchungssätze auf T-Konten auf:

S	Eigent. A		H
1.	209,73 €	3.	209,73 €

S	Eigent.B		H
1.	125,84 €	3.	125,84 €

S	Eigent.C		H
1.	335,57 €	3.	333,57 €

S	Eigent.D		H
1.	167,78 €	3.	167,78 €

S	Verrechnungs-konto HG	H		S	Verrech-nungskon-to RL	H
1.	588,92 €	588,92 €		1.	250 €	250 €

S	Bank	H		S	Hausgeld Be-wirtschaftung	H
2.	838,92 €				2.	588,92 €

S	Hausgeld Rück-lagen	H
	2.	250 €

Ein Hausmeisterdienst wurde beauftragt. Er reicht Ihnen eine Jahresrechnung ein und ist mit einer monatlichen Zahlweise einverstanden. Was ist zweckmäßigerweise zu tun?

Bei gleichbleibenden Zahlungen errichten Sie am besten Daueraufträge. Ein Dauerauftrag ist eine bargeldlose Überweisung, die immer zu einem festgelegten Zeitpunkt mit einem gleichmäßigen Geldbetrag wiederholt an denselben Zahlungsempfänger ausgeführt wird.

Da der Hausmeisterdienst als derselbe Empfänger jeden Monat denselben Betrag erhält, ist es nicht sinnvoll, die Rechnung monatlich neu zu erfassen. Jedes WEG-Buchhaltungssystem hält hier Möglichkeiten bereit, Daueraufträge einmalig einzupflegen und dann quasi per Knopfdruck zu überweisen. Hier müssen Sie nur berücksichtigen, dass die Bank eine gewisse Vorlaufzeit benötigt.

Ordnen Sie die Hausmeisterkosten den umlagefähigen oder den nicht umlagefähigen Kosten zu?

Das kommt darauf an. Übernimmt der Hausmeister auch Dienste wie das Auswechseln der Klingelschilder oder die Zählerablesung, müssen Sie hier in einen umlagefähigen und in einen nicht umlagefähigen Teil splitten.

Was hilft Ihnen bei der Entscheidung, ob die Kosten umlagefähig oder nicht umlagefähig sind?

In der Regel gibt es zu jedem Hausmeistervertrag ein Leistungsverzeichnis, in dem die Arbeiten detailliert geregelt sind.

Der Verwaltungsbeirat fragt Sie, welche Einnahmen es für die Gemeinschaft gibt und welche Besonderheiten hier zu berücksichtigen sind. Was antworten Sie?

Art der Einnahme	Zweck	Buchungssatz	Besonderheiten
Hausgeld	laufende Bewirtschaftung	Bank an Hausgeld	
Rücklage	• notwendige Reparaturen • Modernisierung	Bank an Rücklagen (Ertragskonto)	sollte auf separates Konto transferiert werden
Sonderumlage	Generierung zusätzlicher finanzieller Mittel	Bank an Sonderumlage	
Kredit	• notwendige Reparaturen • Modernisierung	Bank an Darlehensmittel (Ertrag)	Ist im Vermögensstatus auszuweisen
Fördergelder	Zuschuss zu Modernisierung	Bank an sonstige betriebliche Erträge (Fördergeld)	muss nicht zurückbezahlt werden

Auch Ihre Verwaltergebühr ist jeden Monat fällig. Was ist hier zu veranlassen?

Hier gehen Sie am besten wie bei den Hausmeistergebühren vor und errichten Daueraufträge. Eine andere Variante ist bei EDV-Systemen das Generieren der Verwaltergebühr mittels Knopfdruck. Dies bedarf des korrekten Einpflegens der vertraglichen Bedingungen, so z. B. 35 Euro zzgl. USt pro Einheit. Überall, wo Dinge automatisiert laufen, ist es eklatant wichtig, auf die zugrunde liegenden Daten zu achten.

Sie haben eine Reparatur der Heizung veranlasst, die Rechnung beträgt 200 Euro zzgl. 36 Euro USt. Wie lautet der Buchungssatz?
• Reparaturen Soll 236 Euro
• an Kreditor ABC Heizungsbau Haben 236 Euro

Achtung   **!**

Dies ist der Praktiker-Buchungssatz! Beim »Exkurs: Zahlung der Ausgaben« in Kapitel 2.5
haben wir kennengelernt, wie in EDV-Systemen die Zahlungen vonstatten gehen. Auch
wenn nach der reinen Lehre der Buchungssatz »Reparaturen an Bank« zu vermuten wäre,
ist dies nicht der Weg, den Sie in der Praxis beschreiten.

Im zweiten Schritt generieren Sie Ihren »Zahllauf«. Hier lautet der Buchungssatz
* Kreditor ABC Heizungsbau Soll 236 Euro
* an Zahlungsverkehrszwischenkonto Haben 236 Euro

Erst mit der Belastung der Bank wird im dritten Schritt gebucht:
* Zahlungsverkehrszwischenkonto Soll 236 Euro
* an Bank Haben 236 Euro

Wie sehen diese Buchungssätze auf T-Konten aus?

S	Reparatur	H		S	Kreditor ABC	H
1.	236 €			2.	236 €	1. 236 €

S	Zahlungsver-kehrskto	H		S	Bank	H
3.	236 €	2. 236 €				3. 236 €

Warum wird die Umsatzsteuer nicht berücksichtigt?

Da die WEG nicht als umsatzsteuerliche Unternehmerin beim Finanzamt geführt
wird und auch keine Steuernummer hat, ist stets brutto für netto zu buchen. Etwas
anderes kann gelten, wenn ein abweichender Beschluss der Gemeinschaft vorliegt.

**Nun kommt auch noch die Rechnung für die Heizungswartung. Auf welches Auf-
wandskonto buchen Sie diese?**

Die Heizungswartung wird auf dem Konto Heizung gebucht. Selbstverständlich kann
hier auch das Extrakonto »Heizungswartung« gebildet werden. Die Kosten gehören
zu den umlegbaren Nebenkosten und müssen später in der Heizkostenabrechnung
wieder erscheinen.

Die Heizungswartung wird **verursachungsgerec**ht abgerechnet. Dies gilt für alle Beträge, die im Rahmen der Heizkosten abgerechnet werden. Konkret bedeutet dies, dass die Wartung in der Heizkostenabrechnung in der Periode berücksichtigt wird, in der sie angefallen, und auch dort in der Einzelabrechnung erscheint, auch wenn sie später bezahlt wurde.

Für die Gesamtabrechnung gilt dagegen: Die Heizungskosten erscheinen zum Zahlungszeitpunkt.

In beiden Rechnungen sind Lohnkosten ausgewiesen. Wie gehen Sie damit um?

Die ausgewiesenen Lohnkosten sind nach § 35a EStG bei der Steuererklärung zu berücksichtigen. Dazu müssen Sie als Anlage in der Hausgeldabrechnung ausgewiesen sein. Damit dies geschieht, müssten Sie in der laufenden Buchhaltung die Informationen, welche haushaltsnahen Dienstleistungen im Rechnungsbetrag enthalten sind, zusätzlich erfassen.

In den EDV-Systemen ist hierfür regelmäßig ein Erfassungsfeld vorgesehen. Die nach 35a EStG abzugsfähigen Beträge werden in der Hausgeldabrechnung dann gesammelt und der auf den Miteigentumsanteil entfallende Betrag wird ausgewiesen.

20 % hiervon kann der jeweilige Miteigentümer in seiner Steuererklärung geltend machen.

Kann jeder Miteigentümer die Steuervergünstigung nach § 35a geltend machen?

Der Eigentümer, der die Wohnung selbst bewohnt, kann die Steuervergünstigung geltend machen, aber auch der Mieter, soweit sich die Steuervergünstigung auf die umlagefähigen Kosten erstreckt. Der vermietende Eigentümer kann die Vergünstigung **nicht** in Anspruch nehmen – hier sind alle Kosten im Rahmen der Einkünfte aus Vermietung und Verpachtung als Werbungskosten geltend zu machen.

Sie entdecken, dass der Wärmedienstleister seine Gebühren statt von der WEG Rosenweg 3 von der WEG Keplerweg abgebucht hat.

Auch ungerechtfertigte Ausgaben müssen in der Buchhaltung erfasst werden. Abgesehen davon, dass Sie die Kosten der WEG Keplerweg wieder erstatten müssen (also den Betrag wieder zurück überweisen), müssen Sie diese Ausgabe ganz klar erfassen. Am besten Sie legen ein Extrakonto an, z. B. Wärmedienstleister Fremd-WEG o. Ä.

Der Buchungssatz lautet dann:
- Wärmedienstleister Fremd WEG Soll
- an Bank (bzw. Kreditor und dann der Ausgleich über Zahlungsverkehrskonto und über die Bank) Haben

Ist der WEG-Verwalter verpflichtet, die Steuervergünstigung nach § 35a EStG auszuweisen?

Nein, das gehört nicht zur Hausgeldabrechnung. Die meisten Verwalter bieten dies als zusätzlichen Service an. Geltend gemacht werden dürfen aber nur die Lohnbeträge, die der Lieferant in seiner Rechnung ausgewiesen hat. Auch wenn Sie sicher wissen, dass der Betrag nur Lohndienstleistungen enthält, dürfen Sie diese nicht buchen, wenn sie nicht ersichtlich sind.

Am 2. März 2022 kommt eine Rechnung von Minol. Sie enthält folgende Positionen:
- **Kosten für die Miete der Wärmezähler 2022 250 Euro**
- **restliche Kosten für die Verbrauchsablesung des Vorjahres 500 Euro**
- **Miete für Rauchwarnmelder 100 Euro**
- **Wartung der Rauchwarnmelder 200 Euro**

Wie lauten die Buchungssätze?

Die Buchungssätze lauten:
- Heizung Soll 250 Euro
- passive Rechnungsabgrenzung Soll 500 Euro
- nicht umlagefähige Kosten Rauchwarnmelder 100 Euro (umstritten)
- abzugsfähige Wartungskosten 200
- an Kreditor Minol/Zahlungsverkehrskonto/Bank 1.050 Euro

Der Kosten des Wärmemengenzählers gehören zu den Heizkosten. Die Dienstleistungsrechnung gehört zu den Heizkosten, aber zu denen des Vorjahres. Da wir im Bereich der Heizkosten verursachungsgerecht buchen, ist die Ausgabe für die Verbrauchsablesung nicht Aufwand des laufenden Jahres, sondern Aufwand im Vorjahr.

Sie müssen im Vorjahr also noch buchen: Heizung an passive Rechnungsabgrenzung. Dieser Rechnungsabgrenzungsposten erscheint auch im Vermögensbericht Mit der Buchung im Folgejahr ist er dann wieder auf null.

Die Miete des Rauchwarnmelders gehört nach vorherrschender Meinung zu den nicht abzugsfähigen Betriebskosten und muss daher anders gebucht werden als die Wartung.

Bei der WEG Karl-Friedrich-Str. 2 steht eine Balkonsanierung an. Diese beträgt 50.000 Euro und soll aus den Rücklagen finanziert werden. Die vorhandenen Rücklagen von 20.000 Euro reichen hierzu nicht aus, weshalb eine Sonderumlage in Höhe von 30.000 Euro beschlossen wurde. Wie buchen Sie
- **die Sonderumlage?**
- **die Rechnung der Balkonsanierung?**

Zuerst wird die Sonderumlage bei den einzelnen Eigentümern ins Soll gestellt. Das heißt wir generieren in der »Schattenbuchhaltung« (Kontokorrentbuchhaltung) eine Forderung gegenüber den Eigentümern.

Der Buchungssatz lautet:
- diverse Eigentümer Soll 30.000 Euro
- an Verrechnungskonto Sonderumlage Haben 30.000 Euro

Bei Einzug der Umlage wird dann gebucht:
- Bank 30.000 Euro Soll
- an (Erträge aus) Sonderumlage 30.000 Euro

Und gleichzeitig:
- Verrechnungskonto Sonderumlage Soll 30.000 Euro
- an diverse Eigentümer Personenkonten Haben 30.000 Euro

Wenn die Rechnung bezahlt wird, lautet der Buchungssatz:
- Reparaturen (Balkonsanierung) 50.000 Euro Soll
- an Bank 50.000 Euro Haben
- Erhaltungsrücklage 20.000 Euro Soll
- an Reparaturen Haben 20.000 Euro

Sie sehen, dass sich die Einnahmen und Ausgaben in der Hausgeldabrechnung neutralisieren. Dennoch ist jeder Zugang und jeder Abgang ausgewiesen. Auch lassen sich die kompletten Reparaturaufwendungen sehr gut nachvollziehen. Bitte achten Sie innerhalb der Buchhaltung immer auf ausreichende Betextung.

Was passiert, wenn ein Eigentümer nicht bezahlt bzw. dem Einzug widerspricht?

Dann geht auf der Bank weniger ein und gleichzeitig bleibt auf dem Eigentümer-Personenkonto ein Sollbetrag stehen – die WEG hat sozusagen eine Forderung gegenüber dem Eigentümer.

Zu welchen Kosten gehören Gebühren für den Notdienst des Aufzugs?

Zu den umlagefähigen Kosten.

Nennen Sie die typischen umlagefähigen Aufzugskosten

Kosten der Wartung und Kosten für den Notruf.

Der Aufzug wird repariert. Auf welches Kostenkonto buchen Sie diese Kosten?

Das sind Reparaturkosten, also **nicht umlagefähige** Kosten.

Der Hausmeister kauft Reinigungsmittel. Sind diese abzugsfähig?

Ja, auch die Kosten der Reinigung der Gemeinschaftsflächen gehören zu den umlagefähigen Kosten.

Der Miteigentümer Manfred Mussleiderfort hatte Ihnen mitgeteilt, seine Wasserleitung funktioniere nicht mehr richtig. Der herbeigerufene Klempner hat aber festgestellt, dass das Wasser aufgrund einer Verunreinigung im Duschabfluss nicht mehr abfließen konnte und stellt die Kosten der Beseitigung hierfür in Rechnung. Was tun Sie?

Sie stellen fest, dass die Ursache der Reparatur im Sondereigentum liegt. Somit dürfen Sie diese Kosten nicht auf die Eigentümergemeinschaft umlegen. Da Sie aber im

Namen der WEG den Klempner gerufen und beauftragt haben, muss diese die Rechnung bezahlen.

Als sorgfältiger Verwalter reichen Sie die Rechnung an den Sondereigentümer weiter. Dies geschieht dadurch, dass Sie die Kosten direkt dem Sondereigentümer zurechnen.

Sind die Kosten, die im Sondereigentum anfallen, in der Gesamtrechnung der WEG enthalten?

Ja, alle Ausgaben, auch die unberechtigten, sind hier ersichtlich. In der Einzelabrechnung werden die Kosten aber nur dem betroffenen Sondereigentümer direkt zugewiesen.

Es ergeht eine Rechnung an die WEG Moltkestraße über den Ersatz einer Brausearmatur. Sie sehen, dass die Mieterin Mathilda Moser das Sanitärunternehmen, das für die WEG Moltkestraße zuständig ist, beauftragt hat. Was tun Sie?

Sie schicken die Rechnung zurück und weisen das Sanitärunternehmen darauf hin, dass die WEG keinen Auftrag erteilt hat und sich der Brausekopf überdies im Sondereigentum befindet. Frau Moser muss diese Reparatur selbst tragen. Eventuell hat sie einen Erstattungsanspruch gegenüber Ihrem Vermieter und dem Eigentümer der Wohnung (Sondereigentumsverwaltung).

Der Hausmeister hat Leuchtmittel gekauft und reicht Ihnen die Rechnung hierfür ein. Darf er das?

Der Hausmeister ist zu der Tätigkeit verpflichtet, die er gemäß seines Vertrags der Gemeinschaft schuldet. Dazu gehört in der Regel auch der Ersatz der Leuchtmittel. Die Aufwendungen hierfür sind ihm zweifelsohne zu erstatten. Diese gehören aber als typische Reparaturaufwendungen zu den nicht umlagefähigen Kosten.

Der Wärmedienstleister ISTA stellt seine Abrechnungsdienstleistung für die Verteilung der Heizkosten 2021 im Februar 2022 in Rechnung. Was müssen Sie beachten?

Die Abrechnungsdienstleistung gehört zu den Heizkosten. Diese sind nicht nach dem Zufluss-Abfluss-Prinzip zu buchen, sondern gehören zwingend in die Periode, in der sie verursacht wurden – also 2021 – und sind auf die einzelnen Nutzer zu verteilen.

Im Hausmeistervertrag ist nur die Reinigung des Treppenhauses, das Rasenmähen und die Unkrautentfernung geregelt. Zum Außengelände der WEG gehört aber auch eine Kirschlorbeerhecke, die wild wuchert. Sie geben den Heckenschnitt in Auftrag und der Hausmeister fakturiert diese Leistung separat. Sind die Kosten umlagefähig?

Ja, auch die Kosten für die Gartenpflege gehören zu den umlagefähigen Kosten.

Die WEG bekommt immer wieder böse Briefe von nebenan, da ein großer Baum auf ihrem Gelände immensen Schatten auf das Nachbargrundstück wirft. Die WEG beschließt, den Baum fällen zu lassen und Sie geben dies in Auftrag. Wie buchen Sie die Baumfällkosten?

Sie gehören zu den nicht umlegbaren Kosten für die Außenanlage.

Sie erhalten die Rechnung für die Saalmiete des Nebenzimmers in der Gaststätte »Zum Ochsen«, in der die WEG Stadtstraße ihre Versammlung abgehalten hat. Sie entdecken, dass einer der Eigentümer offensichtlich die Zeche geprellt hat, denn auf der Rechnung findet sich noch der Betrag für eine »Schorle weiß sauer«. Was tun Sie?

Nach der reinen Lehre weisen Sie die Rechnung zurück, da die WEG nicht für die Kosten des Sondereigentümers aufkommen kann und auch die Schorle nicht für die Gemeinschaft geordert hat. Da es sich hier um ein Praktiker-Handbuch handelt, rate ich persönlich zu der unkorrekten Vorgehensweise, in diesem Fall die Kosten der Schorle zu bezahlen, diese zusammen mit der Saalmiete zu buchen, aber textlich genau zu kennzeichnen und insbesondere bei der Rechnungsprüfung sowie der nächsten Eigentümerversammlung explizit darauf hinzuweisen. Überlassen Sie den Umgang mit dem Zechpreller der Eigentümergemeinschaft. Sollten Sie den Ochsenwirt nämlich leer ausgehen lassen, wäre er sicher nicht bereit, Ihnen sein Nebenzimmer für die Versammlung der WEG Stadtstraße noch einmal zur Verfügung zu stellen

Die Bank belastet Gebühren für das Bewirtschaftungskonto sowie »Strafzinsen« (Verwahrentgelt) für das Rücklagenkonto. Wie ist zu buchen?

Beides sind nicht umlagefähige Kosten und auf die Aufwandskonten »Bankgebühren« und »Zinsaufwand« zu buchen.

Der Miteigentümer Moritz Möbius hat Herrn Dr. Ditterich, seines Zeichens Rechtsanwalt, sein Sondereigentum umsatzsteuerpflichtig vermietet. Er fordert Sie auf, bei seiner Einzelabrechnung die enthaltene Vorsteuer auszuweisen. Was tun Sie?

Die WEG ist durchaus als umsatzsteuerliche Unternehmerin anzusehen, sie stellt das Gemeinschaftseigentum zur Verfügung und hält es instand. Diese Leistungen sind aber nach § 4 Nr. 13 UStG steuerfrei. Das spielt in der Regel für den jeweiligen Wohnungseigentümer keine Rolle, da er ja ohnehin keine Steuer in Rechnung stellt.

Im Möbius-Fall ist die Sachlage anders: Hier müsste die WEG eine Teiloption beantragen. Da dies zu wesentlich höherem (Verwaltungs-)Aufwand führt, ist ein Mehrheitsbeschluss der Gemeinschaft nötig, dass die Umsatzsteuer auszuweisen sei. Dieser wird nur erteilt werden, wenn die erhöhten Aufwendungen (u. a. Buchungsaufwand) vom jeweiligen Miteigentümer übernommen werden. Im Anschluss daran wäre beim Finanzamt eine Steuernummer zu beantragen. Die Abrechnungen müssten alle Erfordernisse einer Rechnung erfüllen.

Dazu das BFH-Urteil vom 20.09.2018, IV R 6/16, hier: Betrieb eines Blockheizkraftwerks:

> **Wohnungseigentümergemeinschaft als gewerbliche Mitunternehmerschaft**
> Der BFH hat mit Urteil vom 20.9.2018 – IV R 6/16 – wie folgt entschieden:
> 1. Die Wohnungseigentümergemeinschaft als Rechtssubjekt i. S. des § 10 Abs. 6 Satz 1 WoEigG kann eine gewerbliche Mitunternehmerschaft i. S. des § 15 Abs. 1 Satz 1 Nr. 2 EStG begründen, für die ein Feststellungsverfahren nach § 180 Abs. 1 Satz 1 Nr. 2 Buchst. a AO durchzuführen ist.
> 2. Es bedarf nicht der Annahme einer konkludent errichteten GbR, wenn die gewerbliche Tätigkeit der Wohnungseigentümergemeinschaft innerhalb des in § 10 Abs. 6 Satz 1 WoEigG vorgegebenen Verbandszwecks liegt (hier bei dem Betrieb eines Blockheizkraftwerks)

Sie haben einen Beleg über die Heizungswartung erhalten. Dabei wurden ein paar Ersatzteile eingebaut. Woran müssen Sie denken?

Nur die reine Wartungsleistung gehört zu den (in der Heizkostenabrechnung) umlagefähigen Aufwendungen. Das Kleinmaterial ist zwingend bei den nicht umlagefähigen Reparaturaufwendungen zu buchen.

Die WEG in der Schlossallee besteht aus anspruchsvollen Eigentümern. Diese weisen Sie darauf hin, dass die Handwerkerleistungen nach § 35a EStG zur Einzelabrechnung beizufügen seien. Wie reagieren Sie?

Zur Einzelabrechnung gehört selbstverständlich **nicht** der Hinweis, welche steuerlich berücksichtigungsfähigen Aufwendungen in den Rechnungen enthalten sind. Die meisten Verwalter bieten dies aber als zusätzlichen Service an.

Eigentümer Ehrenfried Elsner hat seinen Balkon neu fliesen lassen. Er reicht Ihnen die hierfür erstellte Rechnung ein mit dem Hinweis, dass der Balkon ja zum Gemeinschaftseigentum gehört. Müssen Sie die Rechnung in der WEG-Buchführung berücksichtigen?

Die konstruktiven Elemente des Balkons stehen zwingend im Gemeinschaftseigentum. Der Luftraum, der Innenanstrich und der Bodenbelag gehören allerdings zum Sondereigentum. Sie müssen das Ansinnen des Herrn Elsner zurückweisen. Die Gemeinschaft kann nicht für sein Sondereigentum aufkommen.

Sie erhalten einen Hinweis, dass die Klingel nicht funktioniert. Der herbeigerufene Elektriker kann einen Defekt an der Sprechanlage feststellen. Wie agieren Sie als WEG-Buchhalter?

Klingelanlagen gehören in der Regel zum Gemeinschaftseigentum. Die Sprechanlage und der Türöffner sind aber innerhalb der Wohnung und gehören zum Sondereigentum.

In einer Wohnung der WEG Borsbergstraße gibt es einen größeren Leitungswasserschaden. Er ist eindeutig im Sondereigentum verursacht. Wer trägt den Aufwand hierfür?

Leitungswasserschäden sind ausschließlich über die Gebäudeversicherung zu versichern. Der Versicherungsnehmer der Gebäudeversicherung ist aber immer die Gemeinschaft, versichert sind die einzelnen Wohnungseigentümer, und zwar für das Sondereigentum wie auch das Gemeinschaftseigentum. Der einzelne Miteigentümer kann sich nicht gegen Leitungswasserschäden versichern.

Das hat zur Folge, dass die WEG die Leitungswasserschäden zu tragen hat. Die Erstattung durch die Versicherung steht ihr zu. Sogar der Selbstbehalt ist von der Gemeinschaft zu tragen. Der dahinter liegende Gedanke ist der, dass über den Selbstbehalt alle Eigentümer von einer verminderten Versicherungsprämie profitieren.

Sie müssen alle mit der Schadensbeseitigung zusammenhängenden Kosten als Versicherungsaufwand zulasten der Eigentümergemeinschaft und die hierfür erstatteten Erträge als Versicherungserstattung buchen.

Der Bewohner der Einheit 302 in der WEG Hauptstraße bemängelt, dass das Schloss seiner Wohnungseingangstür defekt ist und die Badtür auch nicht mehr ordentlich abzuschließen ist. Betreffen die Kosten der Reparatur die WEG?

Die Reparaturaufwendungen der Wohnungseingangstür hat die WEG zu tragen (und zu buchen). Die Badtür befindet sich im Sondereigentum und die Kosten hierfür haben in Ihrer WEG-Buchhaltung nichts verloren.

Sie erhalten eine Rechnung für die WEG Blumenstrasse über Heizungsthermostate. Buchen Sie den Reparaturaufwand bei der Gemeinschaft?

Hier ist ein Blick in die Teilungserklärung notwendig. Zum Gemeinschaftseigentum gehören zwingend die Heizungsanlage sowie die Heizkostenverteiler, da sie der Ermittlung und Verteilung der Heizkosten dienen. Im Gegensatz dazu können die von den Zentralleitungen abzweigenden Anschlussleitungen und Heizkörper inklusive Heizungsthermostate und Absperrventile im Sondereigentumsbereich sein, dann nämlich, wenn die Teilungserklärung das entsprechend vorsieht. Je nachdem können Sie die Reparaturaufwendungen also bei der Gemeinschaft berücksichtigen – oder eben nicht.

Die WEG Rosastraße hat mit einfacher Mehrheit eine privilegierte bauliche Veränderung beschlossen. Der Beschluss kam auf Betreiben der Eigentümer Pedro Pomodoro und Schorsch Schäper zustande, die am meisten davon profitieren. Wie sind die Kosten der baulichen Veränderung zu buchen?

Bei einer baulichen Veränderung tragen die Wohnungseigentümer die Kosten, die der Umlage zugestimmt haben. Die Kosten werden im Verhältnis ihrer Miteigentumsanteile aufgeteilt.

Wenn hier nichts Abweichendes beschlossen wurde, müssen Pedro und Schorsch die Umbaumaßnahme allein tragen. Dennoch bleibt das Ergebnis im Gemeinschaftseigentum. Dies gilt auch, wenn die beiden ein Sondernutzungsrecht haben. Sondernutzungsrechte bestehen immer am Gemeinschaftseigentum.

In der WEG gab es einen Eigentümerwechsel. Der alte Eigentümer verlangt eine anteilige Abrechnung. Zu Recht?

Die Hausgeldabrechnung geht über das Kalenderjahr. Manche Verwalter bieten eine unterjährige Abrechnung als speziellen Service an. Eine Abrechnung ist nicht zwingend vorzunehmen.

Wie buchen Sie eine Rohrverstopfung?

Wenn die Rohrverstopfung in der Fallleitung verursacht ist, handelt es sich um umlagefähige Kosten, andernfalls um nicht umlagefähige.

Eine WEG erhält eine Rechnung über Kanalanschlussgebühren. Sind sie umlagefähig?

Es handelt sich um nicht umlagefähige Kosten, weil sie einmalig anfallen.

Ein Eigentümer hat Ihnen kein Sepa-Mandat erteilt. Er bezahlt das Hausgeld nicht in voller Höhe. Welche Sollstellung gleichen Sie zuerst aus?

Es sind zuerst die Hausgelder, dann erst die Rücklagen zu bedienen.

Bei einem Objekt betragen die Anschaffungskosten 5.000 Euro pro Quadratmeter. Das gesamte Objekt hat 600 qm Wohnfläche. In welcher Höhe bilden Sie jährlich Rückstellungen?

Nach der Peters'schen Formel betragen die jährlichen durchschnittlichen Instandhaltungskosten:

5.000 × 1,5 : 80 Jahre = 93,75 Euro pro Jahr pro qm Wohnfläche.
Davon entfallen 70 % auf das Gemeinschaftseigentum, also 65,63 Euro.

Bei einem Gebäude von 600 qm Wohnfläche betragen die Rücklagen der gesamten Gemeinschaft pro Jahr:

$600 \times 65{,}63 = 39.378$ Euro

Diese gesamten Rücklagen werden dann nach MEA auf die einzelnen Eigentümer verteilt.

Stichwortverzeichnis